세계 명문가의 자녀교육

세계 명문가의 자녀교육

초판 1쇄 발행 2006년 9월 6일 **초판 38쇄 발행** 2022년 1월 7일

지은이 최효찬
펴낸이 이승현

편집1 본부장 배민수
에세이1 팀장 한수미

펴낸곳 ㈜위즈덤하우스 **출판등록** 2000년 5월 23일 제13-1071호
주소 서울특별시 마포구 양화로 19 합정오피스빌딩 17층
전화 02) 2179-5600 **홈페이지** www.wisdomhouse.co.kr

ⓒ 최효찬, 2006

ISBN 89-5913-171-7 03900

* 이 책의 전부 또는 일부 내용을 재사용하려면 반드시 사전에 저작권자와
  ㈜위즈덤하우스의 동의를 받아야 합니다.
* 인쇄·제작 및 유통상의 파본 도서는 구입하신 서점에서 바꿔드립니다.
* 책값은 뒤표지에 있습니다.

세계 명문가의 자녀교육

최효찬 지음

프롤로그

부모와 자녀의 궁합이 좋아야 훌륭한 인재가 나온다

"명문가는 궁합이 잘 맞는 부모와 자녀, 세대 간의 합작품이다."

요즘 자녀교육에는 어머니만 있고 아버지는 없다. 아이들 교육 문제로 하루도 조용할 날이 없는데도 남편이자 아버지들은 자녀교육에서 그저 겉돌기만 한다. 자녀의 방문 앞에서 서성거리기만 할 뿐 성큼 안으로 발을 내딛지는 않는 것이다. 이래서는 자녀교육이 제대로 될 리 없다. 부부가 아무리 궁합이 좋아도, 자녀교육이 잘못되면 부부싸움으로 이어질 수 있다. 부부 사이의 궁합이 좋으려면 이제는 자녀교육에 대한 궁합부터 맞춰가야 한다. 그러기 위해서는 아버지들이 좀더 자주 자녀들의 방문을 들락거려야 한다. 자녀교육에 적극적으로 참여하면서 좋은 부자, 부녀 관계를 만들어가야 한다는 말이다.

부모와 자녀 사이가 유독 좋은 집안이 있다. 아이는 엄마 아빠에게 무엇이든지 털어놓고 자문을 구한다. 그래서인지 이야기 샘이

마를 날이 없다. 집 안은 항상 웃음이 넘치고 아이들의 표정도 유쾌하다. 결국 이런 밝은 가정에서 훌륭한 인재가 나온다. 부부 사이가 좋아야 원만한 가정을 유지할 수 있듯이, 부모와 자녀 사이도 궁합이 좋아야 원하는 목표를 달성할 수 있다.

부모와 자녀 사이의 궁합이 좋지 않은 가정의 분위기는 한마디로 냉랭하다. 말투도 퉁명스럽고 아이들은 집에 오면 자기 방에 틀어박혀 나오려고조차 하지 않는다. 부모도 텔레비전만 뚫어지게 보거나 자기 일만 할 뿐이다. 하루에 가족 간의 대화라고는 고작 "밥 먹었냐?"가 전부다. 이런 집안에서는 설사 인재가 나온다 해도 성격이 원만하지 못해 사회 적응력이 떨어지는 경우가 허다하다.

한편 부부 사이가 좋으면 부모와 자녀 사이의 궁합도 대체로 잘 맞는다. 서로 배려해 주고 이끌어주는 분위기는 대인 관계에서 꼭 필요한 덕목이다. 사회적인 덕목을 가정에서부터 몸에 익힌 사람과 그렇지 못한 사람과는 차이가 날 수밖에 없다. 가족 간에 서로 배려할 줄 알고 신뢰받은 사람은 사회에 나와서도 같은 대접을 받는 것이다.

동서고금을 막론하고 명문가에는 저마다 특별한 교육법이 있기 마련인데, 오랫동안 그 명맥을 유지할 수 있었던 긴 그만큼 엄격하고 훌륭한 자녀교육 시스템이 뒷받침되었기 때문이다. 그렇다면 세계적인 명문가들은 과연 무엇이 다른가?

첫째, 세계적인 명문가들의 공통점은 부부 사이뿐만 아니라 부모와 자녀 사이, 형제자매 사이에도 궁합이 좋았다. '가화만사성家

和萬事成'이라는 말이 있듯이 가정이 화목하면 불가능한 것도 이룰 수 있다. 명문가를 이룬 사람들에게는 어려운 환경이 결코 장애가 되지 않았다. 오히려 가족 간의 화합으로 이를 이겨내 성공의 발판으로 삼았다.

둘째, 세계적인 명문가들은 부모가 평생 자녀의 멘토 역할을 했다. 똑똑한 아빠는 똑똑한 아빠대로, 부자 아빠는 부자 아빠대로, 가난한 아빠는 가난한 아빠대로 멘토 역할에 충실했다. 직접 가르치거나 가정교사를 두고 교육하면서 평생 자녀의 후원자가 되어준 것이다. 과학 명문가로 유명한 다윈 가문과 퀴리 가문은 아버지가 아이들에게 늘 자연을 가까이할 수 있게 해주고, 지식을 나누어주면서 자연에 대한 호기심과 탐구심을 길러주었다. 의사였던 다윈의 아버지는 다윈이 자신의 적성에 맞는 과학자의 길을 갈 수 있도록 세심한 배려를 아끼지 않았다. 또 퀴리 가는 평등부부 정신을 바탕으로 자녀들을 후원해 대대로 여성 과학자를 배출하여 전세계 여성들의 귀감이 되고 있다.

셋째, 인간관계와 인맥을 중시했다. 삼성경제연구소가 최고경영자CEO들을 대상으로 '좋은 CEO가 되기 위한 자질'을 물었더니 1위로 꼽힌 것이 '인간관계 능력'이었다. 미국 경제지 포브스의 조사에서도 마찬가지였다. 예나 지금이나 성공한 사람들의 공통점으로는 좋은 인간관계가 우선적으로 꼽힌다. 유대인 명문가인 로스차일드 가는 돈을 벌기 위해서는 먼저 귀족들과의 인간적인 신뢰 관계가 우선되어야 한다고 판단하고, 돈보다 인간관계를 중시하는 전통을 250년 동안 이어오고 있다. 이와 같은 맥락에서 발렌베리 가도 가문의 후계자가 되기 위해서는 세계적인 명문대학과 기업에 근무하면서 폭넓은 인맥을 쌓아야 했다. 케네디 가 역시 명문가의 자녀들과 친분을 쌓도록 하버드 대학에 자녀를 입학시켰고, 빌 게이츠도 명문대학에서 만난 똑똑한 친구들로 인해 세계 최고의 갑부가 될 수 있었다.

넷째, 세계적인 명문가들은 부모가 자녀교육의 본보기가 되었다. 톨스토이나 타고르, 러셀은 자녀를 직접 가르치기 위해 학교를 세웠는데, 톨스토이와 타고르가 만든 학교는 세계적인 명문으로 발전해 지금까지 그 명맥을 이어오고 있다. 또한 톨스토이는 평생 일기 쓰기를 실천하면서 자녀교육에 모범을 보였다. 일기는 그 자신을 훌륭한 사람으로 만들었을 뿐만 아니라 자녀들에게도 큰 영향을 미쳤다. 한편 타고르는 십대 때 아버지와 함께 대자연 속으로 함께 모험여행을 떠나면서 세상을 바라보는 시야를 넓힐 수 있었다고 한다.

다섯째, 목표를 정하면 서두르지 않고 단계적으로 접근했다. 다윈 가문은 할아버지 때부터 연구하기 시작한 진화론을 가문의 학문으로 삼고 5대에 걸쳐 연구를 거듭했다. 한편 퀴리 가문은 2대에 걸쳐 노벨상을 수상했으며, 대대로 수많은 과학자를 배출했다. 또한 케네디 가는 정치 명문가를 이루기 위해 먼저 백만장자와 국회의원을 목표로 삼았고, 결국 3대째에 이르러 위대한 대통령을 탄생시켰다. 아일랜드 농부 출신의 케네디 가가 미국으로 이민온 지 110년 만의 일이었다.

여섯째, 가문의 전통이 큰 인물로 키워내는 데 결정적인 역할을 했다. 600년 명문가의 후손인 톨스토이와 러셀은 어렸을 때 부모를 잃고도 명문가의 자긍심으로 어려움을 이겨내 노벨상까지 수상한 세계적인 인물이 되었다. 영국의 명문가인 러셀은 선조들의 진보적인 가풍을 물려받아 진보주의적인 철학자로 큰 발자취를 남겼는데, 불합리한 선거법 개정과 계약 결혼 같은 시대를 앞선 주장은 러셀 가에서 처음 제기된 것이다.

일곱째, 부자가 된 명문가들은 자신과 가족뿐만 아니라 사회적으로도 존경받기 위해 노력했다. 세계적인 부자들은 전설적인 부호들이 실천했던 가진 자들의 도덕적 의무, 즉 '리세스 오블리제 Richesse oblige' 정신을 잇기 위해 노력했다. '노블레스 오블리제 Noblesse oblige'가 지도층의 도덕적 의무와 책임을 다해야 존경받는 지도자가 될 수 있음을 강조한 것이라면, 리세스 오블리제는 지도층 가운데 특히 부자들의 도덕적 의무와 책임을 강조한 개념이다. 여기에는 미국의 빌 게이츠 가문과 스웨덴의 발렌베리 가문이 대표적으로 꼽힌다.

마지막으로, 자녀를 큰 인물로 만들려면 혼자서 공부하는 습관을 들여야 한다. 공자나 톨스토이, 퇴계 이황 등의 인물은 대부분 어려운 환경에서도 혼자 공부해 세상에 이름을 떨쳤다. 더욱이 이들은 모두 어릴 때 아버지나 어머니를 잃고 힘들게 자랐다. 이런 점에서 명문가를 이룬 이들의 삶은 힘들게 자녀를 키우는 모든 학부모들에게 용기와 희망을 주기에 충분하다. 특히 세계적인 명문가의 경우 대부분 고난 속에서 위대한 인물이 탄생했음을 알 수 있다.

여기에 소개된 세계적인 가문들을 살펴보면 부모의 힘만으로 또는 자녀의 힘만으로 명문가를 이룬 예는 결코 찾아볼 수 없다. 부모와 자녀, 세대 간에 힘을 모아야 비로소 명문가가 만들어지기 때문이다. 세계적인 가문들을 통해서도 알 수 있듯이 명문가는 부모와 자녀, 세대 간의 합작품이다. 서로 의기투합해야 세계적인 인재를 배출할 수 있고, 세계적인 명문가의 반열에 오르는 훌륭한 가문으로 자리매김할 수 있다. 이 책을 읽는 부모들도 각자 자신들에게 맞는 명문가에게서 한 수 배운다면 자녀교육의 해법을 찾을 수 있으리라 생각한다. 부디 여기 소개된 가문들을 본보기로 삼아 자녀교육에 성공하고 아울러 훌륭한 명문가로 거듭나길 바란다.

2006년 8월
최효찬

차 례

프롤로그 ······4
부모와 자녀의 궁합이 좋아야 훌륭한 인재가 나온다

제1장 정치 명문가, 케네디 가 ······12
- 케네디의 할아버지가 하버드대를 고집한 까닭은?

'하버드의 공부벌레'들을 친구로 만들어라
명문가에게 배운다1_ 식사 시간을 결코 소홀히 하지 마라

제2장 스웨덴의 경주 최부잣집, 발렌베리 가 ······44
- 5대 150년 동안 존경받는 부자의 비결

반드시 세계적인 기업에 취직해 안목을 키워라
명문가에게 배운다2_ 존경받는 부자로 키우려면 애국심부터 가르쳐라

제3장 시애틀의 은행 명문가, 게이츠 가 ······70
- '컴퓨터 황제'를 있게 한 두 명의 똑똑한 친구들

진짜 부자 아빠는 자녀에게 큰돈을 주지 않는다
명문가에게 배운다3_ 단점을 보완해 주고 뜻이 통하는 친구를 사귀어라

제4장 유대인 최고 명문가, 로스차일드 가 ······100
- 다섯 형제의 화합을 이끈 '다섯 개의 화살'의 교훈

부모의 말 한마디가 세상을 바꾼다
명문가에게 배운다4_ 돈보다 인간관계가 더 소중한 것임을 알게 하라

제5장 천하제일의 가문, 공자 가 ······126
- '첩의 아들'을 성인으로 만든 '헝그리 정신'

때로는 가난과 열등의식이 큰 인물을 만든다
명문가에게 배운다5_ 질문을 많이 하는 공부 습관을 갖게 하라

제6장 노벨상의 명문가, 퀴리 가 ⋯⋯150
−모전자전, 4대째 과학자를 배출하다
100년 전에 노벨상을 타게 한 '평등부부'의 정신
명문가에게 배운다6_ 어머니가 나서서 '품앗이 교실'을 운영하라

제7장 과학 명문가, 다윈 가 ⋯⋯176
−진화론은 '엽기' 할아버지와 손자의 합작품?
집안마다 내려오는 '유전적 재능'을 살려라
명문가에게 배운다7_ 대대로 헌신할 수 있는 가업을 만들어라

제8장 인도의 교육 명문가, 타고르 가 ⋯⋯202
−'왕따'를 노벨상 수상자로 만든 아버지의 지혜
어릴 때부터 음악과 대자연을 접하게 하라
명문가에게 배운다8_ 부모와 자녀가 함께 모험여행을 떠나라

제9장 러시아의 600년 명문가, 톨스토이 가 ⋯⋯226
−어릴 때 부모를 잃고도 대문호가 된 저력
창작의 산실이 된 가문의 전설과 60년간의 일기
명문가에게 배운다9_ 평생 일기 쓰는 아이로 키워라

제10장 영국의 600년 명문가, 러셀 가 ⋯⋯256
−영국 수상과 세계적인 철학자를 배출한 진보적 가문의 전통
'일류 부모'가 '일류 아이'를 만든다
명문가에게 배운다10_ 자신을 사로잡는 목표를 찾아 열정을 다 바쳐라

에필로그 ⋯⋯276
괴테 가에서 얻는 또 하나의 귀중한 교훈

I 정치 명문가_ 케네디 가
케네디의 할아버지가 하버드대를 고집한 까닭은?

케네디 가의 자녀교육 10훈
가난을 이겨내고 대대로 정치 명문가를 꿈꾸는 부모들에게

1. 아이의 육아일기와 독서록을 만들며 철저하게 점검한다.
2. 시간 약속을 지키는 습관을 길러준다.
3. 아버지는 사업상 일어난 일들을 아이들에게 자주 들려준다.
4. 밥을 먹으면서 자연스럽게 토론할 수 있는 분위기를 만든다.
5. "일등을 하면 무시당하지 않는다"는 세상의 법칙을 가르친다.
6. 어려움에 처할 때는 아이의 편에 서서 해결해 준다.
7. 명문대학에 진학해 최고의 인맥 네트워크를 쌓게 한다.
8. 처음에는 서툴러도 열심히 반복하면 최고가 될 수 있다고 가르친다.
9. 목표는 크게 정하되 서둘지 말고 단계적으로 실현하도록 지도한다.
10. 부모 형제끼리 화합하고 서로 자기 일처럼 챙기게 한다.

'하버드의 공부벌레'들을 친구로 만들어라

가난한 사람들에게 희망을 주는 케네디 가문.

　존 F. 케네디는 죽었지만 케네디 가家는 살아 있다. 케네디의 성공은 케네디 가문 전체의 성공이기 때문이다. 그래서 케네디는 흉탄에 쓰러졌지만 케네디 가는 결코 쓰러지지 않았다고 말한다.

　자녀를 키우는 부모 입장에서 케네디 가만큼 훌륭한 본보기가 되는 가문도 없다. 100여 년 만에 대통령을 만든 케네디 가문은 우리의 "꿈은 이루어진다"는 슬로건을 떠올리게 한다. 비록 지금은 보잘것없지만 대를 이어 노력하면 누구나 고귀한 삶을 살 수 있다는 무한한 가능성을 보여주기 때문이다.

　가난을 딛고 4대, 110년에 걸쳐 세계 최고의 자녀교육 성공 모델을 만들어낸 가문의 역사. 케네디 가문을 들여다보면 무엇인가 마음 깊은 곳에서 뜨거운 불길이 솟아오르는 것을 느낄 수 있다.

케네디 가문이 전세계인들의 가슴에 깊은 감동을 주는 것은 단지 미국 대통령을 탄생시켜서가 아니다. 케네디 가문은 모든 가난한 사람들에게 누구나 열심히 노력하면 자녀를 훌륭하게 키울 수 있고 부자가 되어 가문을 일으킬 수 있다는 확신을 주기 때문이다. 희망은 그 무엇과도 바꿀 수 없는 소중한 것이다. 희망은 절망에 빠져 있는 사람들을 다시 일어나 살아가게 하고, 열정을 다해 꿈을 이루게 하는 원동력으로 작용한다. 요즘도 케네디 가문은 미국 이민을 꿈꾸는 전세계 사람들에게 '아메리칸 드림'의 상징적인 존재가 되고 있다.

케네디 가문이 처음 미국에 발을 들여놓을 때의 상황은 어땠을까? '대통령을 만들어낸 가문인데 설마 그렇게 가난했을라고' 하는 의구심이 생길지도 모른다. 그러나 케네디 가문은 귀족도 부자도 아닌 정말 한마디로 볼품없는 가문에 지나지 않았다. 그런데 그의 선조가 가난에서 벗어나기 위해 무작정 미국행 배에 몸을 실은 지 110년 만에 미국 역사상 가장 훌륭한 대통령을 배출해 낸 것이다. 도대체 어떤 비결이 숨어 있기에 3대 만에 큰 부자가 되고, 4대째에 비로소 국회의원과 대통령까지 탄생시킬 수 있었을까?

케네디 가의 이야기는 아일랜드의 가난한 농부의 삼형제 중 막내아들로 태어난 패트릭 케네디에서 출발한다. 케네디 대통령의 증조부인 패트릭은 스물두 살 때인 1848년에 아일랜드가 흉년으로 기근이 심해지자 이곳에서 굶어죽느니 차라리 신대륙으로 가는 편이 낫다고 판단해 2개월이나 걸리는 미국행 배에 몸을 실었다. 그때 미국으로 이민을 간 사람들 대부분이 그랬듯이 패트릭 케네디 역시 가난을 벗어나기 위한 몸부림이었다. 당시 아일랜드도 우리나라의 '보릿고개'처럼 봄에는 한 끼 식사를 해결하는 것조차 힘들었다. 게다가 흉년이 들면 상황이 더 나빠져 굶어죽는 사람들이 속출했다.

1848년은 마르크스가 '공산당 선언'을 내세웠던 바로 그 역사적인 해로 가난한 노동자들이 농촌에서 도시로 쏟아져 나오던 시절이었다. 패트릭은 영국이 지배하던 아일랜드의 가난한 농촌에서는 더 이상 미래를 기약할 수 없다고 판단해 미국으로 건너간 것이다.

미국 보스턴에 정착한 패트릭 케네디는 위스키 통을 만들어 팔면서 점차 재산을 늘려갔다. 패트릭은 외아들 패트릭 조지프 케네디와 세 딸을 두었지만 가난을 벗어나지 못한 채 일찍 세상을 떠났다. 패트릭 조지프의 어머니는 남편이 죽자 문구점을 차려 생계를 꾸려 나갔고, 아들은 초등학교를 중퇴하고 막노동판에 뛰어들었다. 졸지에 소년가장이 된 어린 패트릭 조지프는 가난으로 고생하다 돌아가신 아버지를 생각하며 억척스럽게 돈을 모았다.

그는 막노동을 해서 번 돈을 모아 뒷골목에서 술집을 운영하며 큰돈을 벌기 시작했다. 패트릭 조지프는 술장사를 하면서도 이민 온 아일랜드인들의 일이라면 발 벗고 나섰다. 어려운 사람들에게 도움을 주면서 차츰 이웃들 사이에서 신망을 얻기 시작한 그는 술장사를 하면서도 선행을 베풀고 어려운 이웃을 앞장서 도와주려고 애썼다. 그렇게 하자 아일랜드계 이민사회에서 그는 없어서는 안 될 중요한 존재가 되었다.

이민사회에서 신망을 얻은 패트릭 조지프는 주의회의 하원의원에 당선되면서 정치인으로 변신했다. 주의회 의원은 우리나라로 보면 도의원 정도에 해당한다. 그의 정계 입문은 케네디 가가 처음으로 정치인을 배출한 가문이 되었음을 알리는 신호탄이었다. 그는 훗날 사돈지간으로 하원의원과 보스턴 시장을 역임한 존 프란시스 피츠제럴드 가문과 함께 아일랜드 이민자들의 성공 모델이 되었다.

케네디 가문과 피츠제럴드 가문은 처음에는 서로 정치적으로 대립했다. 더욱이 미래에 자신의 아들과 딸이 결혼하게 되리라고는 상상도 하지 못했다. 그러나 마치 셰익스피어의 로미오와 줄리엣처럼 정적의 가문끼리 혼인을 맺었다. 특히 외할아버지는 외손자 케네디에게 존 피츠제럴드라는 자신의 이름을 물려주면서 정치가로서 큰 인물이 되기를 기원했다. 그래서 케네디 대통령의 이름이 J. F. 케네디(존 피츠제럴드 케네디)가 된 것이다.

하지만 이 가문들은 영국에서 먼저 미국으로 이주하여 부와 명성을 쌓은 보스턴의 영국계 명문가들로부터 항상 배척을 당했다. 다같이 부와 명성, 그리고 권력을 손에 쥐고 있었지만 아일랜드계 가문은 영국계 가문들로부터 언제나 무시를 당해야만 했다. 수백 년 동안 아일랜드를 지배한 영국인들은 아일랜드 사람들이 열등 민족이라는 편견을 갖고 있었다. 이러한 역사적 배경 탓에 보스턴에 살고 있는 영국계와 아일랜드계 이민자들은 서로 대립할 수밖에 없었다.

일제시대 때 우리나라 사람들을 열등한 민족이라며 탄압한 일본을 상상하면 쉽게 이해가 갈 것이다. 일본은 우리나라에서 문화를 전수받은 민족이지만 식민 지배 당시 오히려 자신들이 더 우수한 민족이라며 우리나라 사람들을 무시하고 억압했다.

아들을 하버드에 보낸 까닭은 무엇일까?

케네디 가문은 아일랜드계 후손이 미국 사회에서 당당하게 대접받기 위해서는 자신들을 무시하는 영국인들을 반드시 이겨야 한다고 생각했다. 그래서 자녀들에게는 학교에서든 사회에서든 항상 일등을 해야 한다고 가르쳤다. 최고가 되어야만 아일랜드계 사람들을 열등 민족 취급하는 영국인들의 콧대를 꺾을 수 있기 때문이다. 그래서 케네디의 아버지가 강조한 게 바로 "오직 일등을 하라"는 원칙이다.

그럼, 어떻게 하면 일등이 될까?

케네디의 할아버지 패트릭 조지프는 일등도 우물 안 개구리처럼 자신들이 사는 좁은 지역에서 일등을 하는 것은 의미가 없다고 생각했다. 무엇보다 아일랜드계의 울타리를 벗어나는 것이 시급하다고 판단했다. 그는 초등학교도 나오지 않았지만 아들 조지프 패트릭(케네디 대통령의 아버지)만큼은 명문대에 들어가 당당하게 영국계 명문가의 자제들과 공부하게 하고 싶었다. 아일랜드 사람들끼리만 경쟁해서는 큰 인물을 만들 수 없다고 생각했기 때문이다. 그래서 그는 아들을 하버드 대학에 입학시키겠다는 목표를 세웠다. 옛 속

담에도 '호랑이를 잡으려면 호랑이 굴로 들어가야 한다'는 말이 있지 않은가.

　다행히 아들 조지프 패트릭은 고등학교 시절부터 공부면 공부, 운동이면 운동, 모든 면에서 일등을 놓치지 않았다. 특히 야구를 잘해 팀의 주장을 맡기도 했다. 아들은 아버지의 뜻대로 경쟁하기를 즐겼고, 또 그 경쟁에서 이겨야만 직성이 풀렸다. 그는 아버지의 뜻을 완벽하게 소화해 내는 성실한 아들이었던 셈이다. 그러다 보니 아버지는 아들 뒷바라지에 더욱 신이 날 수밖에 없었다. 부모의 가르침을 잘 따르는 아들과 열성을 다해 뒷바라지하는 아버지의 궁합이 시너지 효과를 내기 시작한 것이다.

　조지프 패트릭은 결국 하버드에 입학했다. 아일랜드계 사람으로는 최초로 하버드 대학에 입학한 것이다. 사실 아일랜드계는 전통적으로 가톨릭을 믿는데 하버드는 주로 기독교인들이 다니는 대학이었다. 그러나 케네디 가문은 종교적인 문제에도 불구하고 아들의 미래를 위해 하버드를 선택했다. 그리고 아들을 기숙사에서 지내게 했다. 기숙사 생활을 통해 영국계 명문가 자제들과 어울리게 하기 위한 계산에서였다.

아버지의 바람대로 아들은 기숙사 생활도 잘 해냈고, 영국계 명문가 자제들과도 두루 사귀었다. 그리고 이때 사귄 친구들이 나중에 조지프가 사업 수완을 발휘해 백만장자가 되는 데 많은 도움을 주었다.

그는 대학을 졸업한 지 3년 만에 은행장이 되었다. 당시 보스턴의 은행들은 대부분 영국계 출신들이 장악하고 있던 터라 아일랜드인이 은행장이 되는 것은 상상조차 할 수 없는 일이었다. 하지만 조지프는 결국 자신이 바라던 은행장이 되었고 영화 사업과 경마장 사업으로 엄청난 돈을 벌어들이면서 삼십대에 이미 재벌의 위치에 오를 수 있었다.

여기에서 인맥 네트워크의 중요성을 다시 한 번 확인할 수 있다. 케네디 가문은 잘 짜여진 치밀한 교육 계획에 따라 아들을 하버드 대학에 보냈고, 그곳에서 수많은 보스턴의 명문가 자제들과 사귀도록 했다. 그리고 결국 이것이 사업가로 성공하는 데 큰 힘이 되어준 것이다. 그는 보스턴에서 아일랜드인들의 성공 모델이 되었고, 보스턴 시장의 딸 로즈와도 결혼했다. 그 사이에서 태어난 아이가 바로 미국 역사상 최연소 대통령이 된 존 F. 케네디이다. 결국 케네디를 대통령으로 만든 것은 할아버지에서 아버지로 이어지는 치밀한 계획과 노력이 있었기에 가능했다.

어느 사회에서나 명문가가 된다는 것은 결코 한 세대가 해낼 수 있는 일이 아니다. 또한 단지 부자라고 해서 명문가로 대접해 주지도 않는다. 케네디 가는 이런 점을 잘 알고 있었기 때문에 다음과 같이 4대에 걸쳐 단계적으로 접근한 것이다.

1대(케네디의 증조부)는 가난한 농부의 아들로 태어나 아일랜드에서 미국으로 이민했다.

2대(케네디의 조부)는 초등학교를 중퇴하고 술장사를 하면서도 덕망을 쌓아 주의원에 당선됨으로써 정치가로서의 첫발(정치 가문의 초석)을 내딛었다.

3대(케네디의 아버지)는 하버드 대학을 졸업하고 인맥 네트워크를 구축하여 은행장과 재벌 사업가를 거치면서 외교관(영국 대사)과 대통령 후보의 물망(2대째 정치가 가문)에까지 올랐다.

4대(케네디)는 하버드 대학을 졸업하고 국회의원에 이어 최연소로 미국 대통령에 당선(3대째 정치가 가문)되었다.

명문가를 이룬다는 것은 결국 한 세대와 다음 세대의 공동 작업인 셈이다. 한 세대에서 모든 것을 이루려고 들면 조급한 마음에 자칫 모든 것을 그르치게 된다. 특히 중요한 것은 부모와 자녀가 목표를 공유하는 데 있다. 아버지가 명문가를 만들기 위해 아무리 노력해도 자녀가 따라주지 않으면 뜬구름 잡는 것만큼 부질없는 일이 되고 만다. 부모와 자녀가 함께 목표를 세우고 대를 이어 노력해야만 더 나은 미래를 기약할 수 있다.

이민의 역사가 100여 년이나 지난 미국에서 우리 동포들이 아직 주류 사회에 깊숙이 뿌리내리지 못한 원인 중에 하나가 바로 한국계 이민사회의 울타리를 벗어나려고 하지 않는 데 있다. 미국 사회에서 성공 신화를 이루기 위해서는 한국계 이민사회의 울타리를 뛰어넘는 도전정신과 대를 이은 치밀한 접근이 절대적으로 필요하다.

이민 110년 만에 대통령을 만든 케네디 가의 비결

하버드 대학을 졸업한 케네디의 아버지 조지프 패트릭은 서른네 살까지 10년 동안 백만 달러를 벌겠다는 야심찬 계획을 세우고 이를 실행에 옮겼다. 그가 돈을 벌려고 한 목적은 일차적으로 미국의 주류 사회에 팽배한 아일랜드인에 대한 차별과 편견을 깨뜨리기 위해서였다. 실제로 당시의 아일랜드 사람들은 흑인보다 더 비인간적인 대우를 받고 있었다.

그 편견을 없애려면 무엇보다 돈이 필요했다. 먼저 경제력을 갖춘 뒤에 자녀가 훌륭하게 성장해 높은 사회적 지위에 오른다면 누구도 무시할 수 없을 거라고 생각했다. 그래서 자신이 먼저 백만장자가 되려고 노력했고, 나아가 자녀가 자신보다 더 성공하기를 바랐다. 그는 하버드대를 나와 스물여덟 살에 은행장이 되었고 사업가로도 성공했다. 사업을 하면서 당시 해군차관보였던 루스벨트와 만나게 되는데, 이것이 인연이 되어 훗날 루스벨트의 대통령 출마에 큰 역할을 하게 된다. 그리고 대통령에 당선된 후에는 주영국대사를 지냈다.

세상을 살다보면 가끔 인연만큼 소중한 게 없다는 생각이 들 때가 있다. 조지프가 은행장이 된 사연을 보면 명문대 인맥이 얼마나 중요한지를 알 수 있다. 그는 아버지의 권유로 하버드에서 공부했고, 은행에 근무한 것도 아버지의 조언이 크게 작용했다. 호랑이를 잡으려면 호랑이 굴로 들어가야 한다는 아버지의 세상살이 철학을 아들이 충실하게 따라준 셈이다.

어느 나라에서나 마찬가지지만 사업을 해서 돈을 벌려면 은행을 통하지 않으면 안 된다. 그런데 당시 보스턴 은행의 대부분은 영국인들이 장악하고 있었다. 이런 상황을 직시했던 아버지는 결국 아들을 그 호랑이굴로 들여보낸 것이다. 때마침 아들이 다니던 은행이 재정난으로 영국계 은행에 매각될 위기에 처했다. 이때 조지프는 하버드의 인맥을 활용해 돈을 끌어모아 은행을 위기에서 구했고, 이러한 공로를 인정받아 입사 3년 만에 은행장으로 추대되면서 아일랜드계로는 최초로 은행장의 자리에 오를 수 있었다.

한편 조지프는 사업가로서의 수완도 탁월했다. 그는 일찌감치 부동산에 눈을 돌려 엄청난 재산을 모으며 재테크의 귀재로 떠올랐다. 남들이 살 때는 사지 않고, 남들이 사지 않을 때 매입하는 게 그의 사업 비결이었다. 예를 들어 플로리다가 태풍으로 쑥대밭이 되어 땅값이 폭락하면 그때 땅을 헐값으로 매입하는 식이었다.

지금도 그렇지만 주식이나 부동산은 남들이 살 때는 이미 거품이 일기 시작한 후다. 값이 오를 대로 올라 있어 잘못하면 낭패를 보기 일쑤다. 하지만 아버지에게서 배운 일등주의가 몸에 밴 그는 자신만의 비법으로 주식과 부동산에 투자해 큰돈을 벌었다. 또 영화와 경마 등 신흥산업에도 눈을 돌려 모두가 부러워하는 재벌이 되었다.

결국 그가 돈에 집착한 것은 아일랜드계에 대한 차별과 편견을 없애기 위해서였고, 더 구체적으로는 자신의 가족, 즉 자녀들이 미국 사회에서 성공하는 데 있었다. 그는 인생의 궁극적인 목적을 가족의 성공에 두었고, 이를 위해 오랜 시간 치밀하게 준비했다.

먼저 그는 자녀들의 장래를 위해 저축을 들어놓았다. 전쟁으로 불안한 시기여서 자녀들의 미래를 대비해야 했다. 하지만 아이들에게는 저축에 관한 이야기를 절대로 하지 않았다. 아이가 어릴 때 자신이 부자라는 것을 안다면 나태해질 수 있어서였다.

하지만 케네디의 아버지는 돈벌이만 하는 아버지가 아니었다. 사업을 하는 바쁜 와중에도 자녀들을 끔찍하게 챙겼다. 그는 가능하면 아이들과 자주 대화를 나눴다. 사업상 집에 없을 때는 아이들과 전화로 이야기를 나누었다. 전화를 걸어 아내뿐만 아니라 아이들과도 차례로 대화한 것이다. 그래서 그의 전화가 걸려오면 아내는 아홉 명의 자녀들을 불러모아 한 사람씩 순서대로 통화를 하게 했다고 한다. 아이들은 경쟁적으로 최근에 일어난 일들을 아버지에게 말하곤 했다. 아이들과 함께 있지 않아도 아버지는 아이들이 그날 무슨 일을 했는지 훤히 알 수 있었고, 아이들이 시험을 치는 날에는 항상 용기를 북돋워주었다.

전화로 할 수 없는 이야기일 경우에는 편지를 썼다. 한번은 중학교에 들어간 케네디가 동네 골목대장 노릇을 하며 학교에서도 말썽을 부린 사건이 있었다. 참다못한 교장선생님이 아버지인 조지프에게 전화를 했다. 조지프는 교장선생님으로부터 이야기를 듣고는 화를 억누르며 케네디에게 편지를 썼다. 케네디의 형은 공부도 잘했고 장차 대통령이 되겠다고 공언할 정도로 매사에 적극적이었지만, 동생인 잭(케네디 대통령의 애칭)은 고등학교 2학년 때까지만 해도 말썽을 일삼고 공부는 뒷전이었다.

> "아들아, 나는 잔소리꾼 아버지가 되고 싶지는 않다.
> 잔소리를 하는 것은 아버지의 본분이 아니라고 생각한다.
> 내가 보기에 너는 확실히 훌륭한 재능을 많이 가지고 태어났어.
> 누구보다 뛰어난 능력을 가진 네가 재능을 제대로 발휘하지 못한다면
> 어리석은 노릇이 아닐까? 중·고등학교 때 등한시한 기초 과목을
> 나중에 보충한다는 것은 지극히 힘든 일이야. 네가 천재가 아니라도
> 아버지는 실망하지 않는다. 다만, 훌륭한 판단력과 이해력을 겸비한
> 시민으로 자라주기를 간절히 바란다."

케네디의 아버지는 아이들이 거짓말을 하거나 해서는 안 될 일을 할 경우에는 따끔하게 훈계했다. 한번은 막내아들이 대학교에서 컨닝을 해서 퇴교 처분을 받은 일이 있었다. 이 사실을 전화로 보고한 아들에게 그는 무려 다섯 시간 동안이나 훈계를 했다고 한다. 그러나 한번 훈계를 하면 두 번 다시 그 일을 입 밖에 내지 않았다. 그것은 아이의 자존심을 상하게 하는 일이기 때문이다. 그는 이러한 원칙을 기준으로 삼아 사업가로 바쁜 와중에도 자녀교육을 소홀히 하지 않았다.

케네디의 아버지가 아일랜드계의 울타리를 벗어나기 위해 하버드대에 들어가면서 케네디 가문은 하버드와 깊은 인연을 맺게 된다. 하버드 대학은 케네디 아버지와 네 명의 아들이 모두 졸업해 5부자가 모두 이 학교의 동문이다. 이때부터 하버드는 케네디 가 자녀들의 필수 코스가 되었는데, 그 때문인지 하버드 대학에는 케네디의 이름이 붙어 세계적으로도 유명한 케네디스쿨(행정대학원)이 있다.

아버지 조지프는 아이들에게 사업상 일어났던 일을 자주 들려주었다. 캘리포니아에서 영화 사업을 하고 있을 때는 한 번에 몇 주씩, 때로는 몇 날씩 출장을 가곤 했다. 그러다 집에 돌아오면 저녁식사 시간의 대화는 주로 그가 만난 유명 인사들의 이야기를 들려주는 것으로 이루어졌다. 아이들은 식사를 하면서 아버지의 이야기를 자연스럽게 들을 수 있었고, 이는 아이들이 세상사를 접하는 통로가 되었다.

아이들은 아버지와 점심을 함께한 유명 인사들과 아버지가 다녀온 인상 깊은 장소들에 관한 이야기에 매료되었다. 한편 아이들은 학교생활에 관해 시시콜콜 적은 편지를 아버지에게 정기적으로 보내곤 했는데, 아버지는 아무리 바쁘더라도 아이들에게 일일이 답장을 해주었다. 그리고 아이들이 자신의 전 재산보다 더 소중하다면서 대단히 자랑스럽게 여겼다. 훗날 케네디 대통령은 "아버지는 세상에서 아이들이 자신에게 가장 중요한 존재라는 것을 우리들이 느낄 수 있게 해주셨다"고 말했을 정도였다.

그러나 조지프 케네디는 아이들에게 높은 기준을 정해놓고 그 기준에 미치지 못할 때는 아주 엄하게 대했다. 특히 아이들에게 무슨 일을 하든 반드시 이기라고 말했다. 그들에게 2등은 용납되지 않았다. 케네디 가에 내려오는 '일등주의'는 앞서 말한 것처럼, 아일랜드인에 대한 편견을 극복하려면 자신들을 멸시하는 영국인들을 반드시 이겨야 한다는 데서 출발했다.

그렇다고 케네디 가의 성공이 단순히 일등주의에 있는 것만은 아니다. 당시 케네디 가문에서 자녀들이 성공을 거두자 미국 언론들은 앞 다투어 케네디 가의 자녀교육 성공 비결을 분석하는 기사를 실었다. 그때 언론들은 '케네디 가의 기적'을 일으킨 것은 '반드시 이겨야 한다'는 일등주의에 있다기보다는 오히려 '최선을 다한다'는 정신에 있다며 보도하기도 했다. 능력에 따라 힘 닿는 데까지 최대한 노력한 것이 기적을 일으킨 원인 중의 하나라는 것이다. 케네디의 어머니는 자녀들에게는 항상 "서툴러도 반복해서 최선을 다하면 최고가 될 수 있다"고 가르쳤다.

또 사람마다 재능이 다르기 때문에 케네디의 부모는 아이들의 숨겨진 재능을 계발하는 데 많은 역점을 두었다. 케네디의 아버지는 아이들에게 자신이 가지고 있는 능력의 범위 안에서 최선을 다할 것을 요구했다. 어떤 일이든 어중간하게 한다는 건 있을 수 없었다. 그것이 달리기든 미식축구든 학교에서의 시합이든 간에 아이들은 최선을 다해야 했기 때문에 누구보다도 많은 노력을 기울였다. 케네디 형제들은 타고난 재능이 남보다 뛰어난 것은 결코 아니었지만 항상 최선을 다하려고 노력했다.

케네디 아버지의 자녀교육법이 효력을 발휘할 수 있었던 비결 중의 하나도 이러한 원칙을 강조하는 데 그치지 않고 자신도 자녀들을 위해 노력을 아끼지 않았다는 점이다. 특히 아이들에게 어려운 일이 있을 때마다 늘 곁에 있어주었다. 아이들은 아버지가 언제나 자신들의 편이라는 사실을 굳게 믿었고, 자신들의 적은 아버지에게도 적이며, 아버지의 적은 자신들에게도 적이라는 사고를 지니게 되었다. 그래서 케네디 가족은 위기가 닥칠 때마다 똘똘 뭉쳐 이겨낼 수 있었다. 케네디 아버지는 어려울 때일수록 아이들에게 밝은 면을 보고 긍정적으로 생각할 것을 강조했다. 또 아이들이 곤경에 처했을 때는 따지지 않고 발 벗고 나서서 도와주었다. 그러다 보니 아이들은 더 열심히 아버지의 원칙을 따라 최고가 되고, 일등이 되기 위해 노력했다.

때로는 부모의 말 한마디가 아이의 인생에 결정적인 영향을 미치기도 한다. 말 한마디가 큰 인물을 만들 수 있지만 반대로 아이의 인생을 망가뜨릴 수도 있다는 말이다.

케네디 대통령은 우수한 형의 그늘에 가려 청소년기를 문제아로 보냈다. 장남인 형이 하버드대에 다니면서 아버지에게 "장차 미국 대통령이 되겠다"고 당당하게 포부를 밝힐 때에도 그는 교사나 작가가 꿈이라고 말했다. 그런 그가 형이 전쟁터에서 목숨을 잃자 형의 꿈을 이어받아 미국의 대통령이 되겠다는 목표를 세우게 되었다. 이때 아버지의 말 한마디가 큰 힘이 되어준 것은 두말할 나위가 없다. 케네디의 아버지는 케네디가 하버드 대학을 졸업할 때 다음과 같은 짤막한 축전을 보냈다.

"아버지는 너에 대한 두 가지 사실을 굳게 믿는다. 하나는 네가 누구보다 슬기롭다는 것이고, 또 하나는 멋진 아들이라는 것이다. 하버드 대학 졸업을 진심으로 축하한다."

미국 역사상 가장 존경받는 대통령으로 평가받는 케네디가 대통령이 될 수 있었던 것은 어쩌면 이 축전 때문인지도 모른다.

하버드 대학을 졸업한 케네디는 제2차 세계대전에 참전해 죽을 고비를 만났지만 구사일생으로 살아남았다. 그리고 28세에 국회의원이 된 데 이어, 43세에는 최연소로 미국 대통령에 당선되었다. 물론 이 말 한마디가 케네디를 대통령으로 만든 것은 아닐 테지만, 아버지와 아들 간의 관계에서 말 한마디는 한 사람의 인생을 바꿀 수도 있다는 점을 명심해야 한다. 아버지로부터 "너는 매일 그 모양이냐" 하고 구박만 듣고 자란 아이의 미래는 어떨까, 쉽게 상상이 되고도 남는다.

케네디 대통령은 어린 시절 식사 시간에 만들어졌다

최연소로 대통령에 당선된 존 F. 케네디는 대통령이 된 후 어머니(로즈 케네디)에 대해 이렇게 이야기했다.

"대통령이 되기 위한 준비 단계란 없다. 다만 내가 남에게 배운 것 중에서 도움이 될 만한 것이 있다면, 그것은 모두 어린 시절 어머니가 가르쳐주신 것이다."

9남매(4남 5녀)를 길러낸 케네디 어머니 로즈의 자녀교육법 중 눈에 띄는 것은 식탁을 자녀교육의 장으로 적극 활용했다는 점이다. 케네디 가문의 자녀교육 비결은 식탁에 있다고 해도 지나치지 않을 것이다. 케네디 가의 식사 시간은 단순히 식사만 하는 자리가 아니라 자녀들이 앞으로 커서 꼭 필요한 인성을 훈련하는 자리였다.

무엇보다 아이들은 식사 시간을 반드시 지켜야 했다. 음식을 깨작거리거나 노닥거리며 먹어서도 안 되었다. 식사 시간을 엄수하게 한 것은 시간 관리와 함께 약속을 철저히 지키는 습관이 어릴 때부터 몸에 배도록 하기 위해서였다.

한번은 보비(삼남인 로버트 케네디의 애칭. 1968년 대통령 후보로 나섰으나 암살당한다)가 스물두 살 때 요트를 타러 바다로 나간 일이 있었다. 그런데 점심 시간이 다가오자 보비는 해안가로 급하게 보트를 몰기 시작했다. 그러고는 생각보다 늦었다는 것을 깨닫고 선창에 가까워지자 갑자기 바다 속으로 뛰어들었다. 요트를 정박시켜 놓고 간다면 점심식사 시간에 늦을 것이 뻔했기 때문이다. 그는 친구에게 요트를 정박시켜 줄 것을 부탁하고 바다 속으로 뛰어들어 헤엄쳐감으로써 시간을 벌려는 심산이었다. 그렇게 해서 보비는 가까스로 점심식사 시간에 도착할 수 있었다. 이 일화는 로즈 케네디의 자서전에 소개되어 있다.

둘째, 식사 시간은 식구들의 하루 일과를 함께 앉아 점검해 보는 시간이었다. 특히 아이들은 저녁 식탁에서 나누는 대화를 통해 세상에 무슨 일이 일어나고 있는지를 알게 되었다. 아버지가 사업 중에 일어난 일들을 자녀들에게 들려주었기 때문이다.

셋째, 어머니 로즈는 식사 시간을 아버지 못지않게 가족들이 토론을 나누는 자리로 활용했다. 로즈는 아이들의 눈에 띄기 쉬운 곳에 게시판을 마련해 두고 신문, 잡지 등에서 좋은 글이 있으면 오려서 붙여놓았다. 그리고 식사 때가 되면 그 기사를 화젯거리로 삼아 그 문제에 대해 더욱 깊이 생각해 볼 수 있도록 질문도 하고, 자신의 의견을 말하기도 했다. 각자의 의견을 발표하고, 듣고, 그 생각들을 받아들이는 민주적인 정신을 실천한 것이다. 또 아이들은 누가 시키지 않아도 자발적으로 대화에 참여하면서 재미있어 했다.

어머니 로즈는 아이들의 대화가 핵심도 없이 잡담으로 흐를 때는 질문을 하거나 한마디씩 던지면서 대화가 정상적으로 이어지도록 유도하는 역할을 했다. 가령 플로리다가 화제로 등장할 때 케네디의 어머니는 플로리다 주는 어떻게 해서 그러한 이름을 갖게 되었는지, 그 뜻은 무엇인지, 그 단어는 어느 나라 말에서 유래했는지 하는 식으로 질문을 유도해 나갔다. 그런 교육을 반복한 결과, 처음에는 대답을 잘 못하던 아이들도 다시 비슷한 문제를 접했을 때는 척척 대답할 수 있게 되었다.

"플로리다에 있는 도시로 스페인의 이름을 가진 곳을 생각해 봐요. 새러소타, 탬파, 마이애미, 아녜요. 마이애미는 인디언 이름이에요. 그 밖에도 미국에서 스페인 이름을 가진 고장은 없을까요? 맞았어요. 캘리포니아가 있어요. 그럼 샌프란시스코는 어떤가요? 그 뜻은 무엇이고 어디서부터 유래했죠? 교회에서 안 배웠어요? 다른 성자들의 이름을 딴 고장들을 생각해 봐요. 샌디에이고, 산 가브리엘, 샌타바버라 등 여러 지역들이 있어요. 그러면 로스앤젤레스는 어떤가요? 로스앤젤레스의 스펠링을 알아요? 그 의미가 무엇인지 알겠어요? 우리가 사는 이 고장을 뉴잉글랜드라고 부르는 이유는 무엇이죠? 뉴잉글랜드에 있는 도시로서 영국식 이름을 가지고 있는 것들을 생각해 봅시다. 뉴햄프셔, 뉴런던, 뉴베드퍼드, 액턴 등이 있어요."

아이들이 커가면서부터는 아침식사 식탁에서 『뉴욕타임스』 기사가 대화의 소재가 되었다. 『뉴욕타임스』를 읽지 않고는 식탁에 앉지 못했다. 신문을 읽고 오지 않으면 식탁에서 아버지로부터 그날의 이슈에 대한 따가운 질문을 견디지 못하고, 형제들 간의 토론에도 끼지 못했다. 케네디 가의 자녀들은 어릴 때부터 이와 같은 훈련을 지속적으로 받으며 정치적 사고와 능력을 키웠다. 토론의 기술은 한순간에 얻어지는 것이 아니기 때문이다. 어릴 때부터 토론하는 습관을 들이지 않으면 나중에 자라서 갑자기 그런 능력을 기르려 해도 때는 이미 늦는다.

케네디는 대통령 선거 직전에 열린 TV 토론에서 닉슨을 압도해, 그때까지 열세였던 판도를 뒤집고 대통령에 당선되었다. 그 유명한 화술이 어디에서 연유한 것인지 알 수 있는 대목이다.

케네디 가문처럼 신문을 자녀교육에 활용해 보자. 아이들이 관심을 가지는 분야에 대해 서로 이야기해 보고, 흥미를 느끼는 분야의 기사를 읽고 토론한다면 더없이 훌륭한 공부가 될 것이다. 신문이 자녀교육의 좋은 자료가 된다는 것은 두말할 나위가 없다. 인터넷을 통해 기사를 읽지 말고 지면을 통해 신문 기사를 접하면 무엇이 중요한지 한눈에 알 수 있다. 뉴스의 비중이 높은 것은 크게 실리고 비중이 낮은 것은 상대적으로 기사의 분량이 적다. 이것을 통해 세상에서 중요한 게 무엇인지를 배울 수 있는 것이다.

케네디 어머니의 이런 판단은 오늘날 우리 아이들에게도 꼭 필요한 것이 아닐까? 요즘 아이들은 입시 공부 때문에 책 한 권 제대로 읽을 시간조차 없지만 대입에는 논술과 면접이 있다. 어릴 때 토론 훈련을 제대로 받은 아이라면 논술이나 면접 시험은 별 걱정하지 않아도 되지만, 그렇지 않을 경우 고등학교 3학년 때 부랴부랴 대비해 봤자 별 효과를 기대하기 어렵다.

어려서부터 이처럼 철저하게 교육받은 케네디 가의 자녀들은 훗날 세상을 주도하는 인물로 성장했다. 4형제 중 존 F. 케네디는 대통령을 지냈고, 케네디의 동생인 로버트 케네디는 상원의원과 대통령 예비 후보였으며, 에드워드 케네디는 상원의원을 맡고 있다. 이 외에도 케네디 가문의 자녀들은 각 분야에서 두각을 나타내고 있는데, 에드워드 케네디의 아들 패트릭이 하원의원으로 활동하는 등 정치 명문가의 전통을 이어가고 있다.

식사 시간을 활용한 자녀교육법은 영국의 오랜 전통이다. 영국 가정에서는 예부터 식사 시간을 수업으로 간주해 아이가 식탁에 앉는 날부터 부모들은 식탁 교육을 시작했다. 이렇게 하는 이유는 아이에게 바른 식탁 문화를 배우게 하고, 다른 사람들의 칭찬을 받을 만한 소양과 성격을 키워주기 위해서이다. 식사 습관이 좋으면 어느 나라에서나 칭찬을 받기 마련이다.

영국 사람들은 특히 편식을 경계한다. 음식을 가리는 습관은 대부분 유아기에 부모가 아이의 요구를 너무 많이 들어준 탓에 생긴 거라고 생각하기 때문이다. 따라서 어린 아이가 음식을 가리며 한 가지 음식만 먹으려 하면 부모들은 아예 그 음식을 주지 않았다. 또 식탁에서 아이에게 양보하고 타협한다면 아이가 영양분을 골고루 섭취하는 데 해로운 영향을 줄 뿐 아니라, 고집스럽고 이기적이며 스스로 절제하지 못하는 성격으로 자랄 가능성이 크다고 생각했다.

영국 아이들은 일반적으로 두 살 때부터 식탁 예절을 배우기 시작하는데 네 살이면 식탁에서 지켜야 할 모든 예의를 거의 다 배운다. 그리고 다섯 살이 되면 식탁에 음식을 차리거나, 다 먹은 뒤 설거지를 돕는 등 자기 힘으로 할 수 있는 일만큼 거든다. 부모를 도우며 아이는 참여의식을 기르게 되고, 이러한 습관은 결혼 후에도 이어져 영국 부부들은 자연스럽게 가사일을 분담한다고 한다.

육아일기를 쓰며 4남 5녀를 키워내다

보스턴 시장의 딸이었던 케네디 대통령의 어머니 로즈는 1974년에 펴낸 자서전에 "나는 위대한 책의 작가나 걸작을 남긴 화가보다는 위대한 아들, 딸을 둔 어머니로 알려지고 싶다"고 말한 데서도 알 수 있듯이, 그녀는 여성의 보람은 자녀를 뛰어난 인재로 길러내는 데 있다고 굳게 믿었다.

로즈 케네디의 자녀교육법은 거의 완벽한 교육 방식으로 칭송받는다. 로즈는 마치 CEO가 사업을 하듯이 자녀들을 관리했다. 그는 컴퓨터처럼 아이들 각자의 파일 카드에 주사 맞기, 충치 치료, 신발 크기, 성적 등 아이들과 관련된 자료를 빠짐없이 적어놓았다. 그리고 매일 아침 아이들이 학교에 가기 전에 검사했으며, 토요일 밤에는 반드시 몸무게를 달았고, 치아에 대해서는 다소 과민 증상이 있어서 석 달마다 아이들을 데리고 치과에 갔다. 로즈가 런던에서 주영대사 부인으로 보낸 기간에 영국 신문들은 그의 육아 카드 파일을 미국의 효율성을 보여주는 본보기로 대서특필하기도 했다.

로즈는 4남 5녀의 생년월일과 건강, 기타 성장에 관한 상세한 내용을 기록한 '육아일기'를 빈틈없이 작성했다. 맑고 화창한 날이면 자연 속을 산책했고, 자녀들의 관심과 흥미를 만족시키기 위해 조그만 물건을 살 때도 늘 함께 다녔다. 아이들이 던지는 질문에는 알아듣기 쉽게 차근차근 대답해 주었다. 또 자신의 역사를 알아야 애국심을 가질 수 있고 다른 사람을 지도할 수 있다면서 틈틈이 아이들을 데리고 역사 탐방에 나섰다.

로즈는 규칙을 정해놓고 아이들이 그것을 어겼을 때는 어김없이 회초리를 들었다. 요즘 전문가들은 아이들을 키울 때 체벌을 가해서는 안 된다고 주장하지만, 로즈는 아이들에게 체벌을 기한 것을 결코 후회하지 않았다. 손바닥이나 볼기를 몇 번 맞고 나면 '회초리'라는 말만 해도 아이들의 행동에 좋은 효과가 나타난다는 것이다.

또한 로즈는 아이들의 재능이 제각기 다르다는 사실을 인정하고 각자가 지닌 장점에 맞게 맞춤형 교육을 했다. 로즈는 특히 장남의 교육에 심혈을 기울였다.

"아이들 모두를 내가 원하는 방식으로 키우고 싶다면 먼저 큰아이를 그렇게 만들면 된다. 만일 맏이가 들어와서 부모에게 안녕히 주무시라고 인사를 한다면 어린 동생들은 그것을 의무로 알고 따를 것이다."

이것이 그녀의 신념이었다. 장남이 잘하면 동생들이 따라할 거라고 판단한 것이다. 아버지가 자주 집을 비울 수밖에 없는 상황이라 로즈는 남편의 허락을 받아 큰아들에게 아버지 대리 권한을 주었다. 이를 통해 로즈는 아이들에게 책임감과 함께 심리적 안정감을 불어넣어주려고 노력했다.

또한 그녀는 자녀들이 책 읽는 것을 무엇보다 중요하게 여겼다. 로즈는 아이들이 혼자서도 책을 읽게 되자 아예 독서 리스트를 따로 만들었다. 여기에는 『아라비안나이트』, 『보물섬』, 『아더왕과 원탁의 기사』, 『천로역정』, 『피터 팬』, 『고대 로마사』 등 다양한 책들이 포함되어 있었다. 그 때문인지 케네디는 어려서부터 위인들의 전기와 역사에 매력을 느꼈다고 한다. 『대통령을 키운 어머니들』의 저자 보니 앤젤로는 "어린 시절 위인전 등을 좋아하는 독서 경향은 루스벨트로부터 클린턴에 이르기까지 역대 대통령들의 어린 시절에 나타나는 공통된 현상"이라고 말한다.

로즈는 언제나 활기 넘치는 가정의 체계를 잡기 위해서 게시판에 시간표를 붙여놓는가 하면, 좋은 글이 있으면 오려서 핀으로 꽂아두었다. 또 선수들을 고용해 아이들에게 테니스와 수영, 요트, 축구 등 스포츠까지 개인교습을 시켰다. "케네디 가 사람들은 울지 않는다. 케네디 가 사람들은 반드시 이겨야 한다"는 아버지의 가르침을 따르기 위해서였다. 그런 반면 케네디의 어머니는 아이들에게 패배한 사람들의 마음도 헤아려주어야 한다고 가르쳤다. 케네디는 훗날 전기작가에게 "아버지가 우리에게 불꽃같은 존재였다면 어머니는 삶의 빛이었다. 아버지는 우리가 가장 좋아하는 인물이었고, 어머니는 우리에게 가장 훌륭한 선생님이었다"고 말했다.

로즈 케네디는 회고록에 다음과 같이 썼다.

"내가 자식들에게 물려주고자 하는 것들은 대부분이 내가 나의 부모님으로부터 물려받고, 또 나의 부모님들은 그들의 선친으로부터 물려받은 것들이다."

자녀교육의 큰 원칙은 결국 하나다. 바로 부모에게서 시작하고 부모에게서 끝나는 것이다. 결국 가르칠 대상은 자녀가 아니다. 부모가 지금 행하는 것이 곧 자녀와 그 자녀의 자녀들이 행하게 될 것들이다. 이것이 행동 하나라도 소홀히 해서는 안 되는 이유다.

명문가에게 배운다 · 1

식사 시간을 결코 소홀히 하지 마라

우리나라의 명문가나 외국의 수많은 명문가들에게서 공통적으로 발견되는 것은 다름 아닌 철저한 자녀교육이다. 그들은 자녀들이 어릴 때부터 원칙을 가지고 좋은 습관을 기를 수 있도록 교육한다. 혀를 내두를 정도로 철저한 그들의 가정교육은 요즘 우리 아이들이 받는 입시 강도보다 훨씬 높다. 사실 우리 아이들은 좋은 환경에서 공부하면서도 정신적으로 견뎌낼 만한 의지력이 상대적으로 부족해 더 힘들어하는 것이다.

케네디 대통령은 어릴 때 어머니로부터 배운 것이 결국 자신을 대통령으로 만들었다고 회고한다. 결국 어릴 때 어떤 습관을 갖느냐가 성공을 좌우한다는 말이다.

로즈 케네디는 식사 시간을 지키게 하면서 아이들로 하여금 시간과 약속의 중요성을 배우게 했다. 어쩌면 성공한 사람들의 공통점은 시간을 얼마나 잘 활용하느냐, 약속을 얼마나 잘 지키느냐에 달려 있다고 해도 과언이 아니다. 아울러 로즈는 식사 시간에 자녀들이 자유롭게 토론할 수 있도록 분위기를 이끌었다. 자신의 생각과 의견을 논리적으로 말할 수 있게끔 가르치고 훈련하는 것은 요즘 우리가 자녀교육을 할 때 빠트려서는 안 될 중요한 과제가 되었다. 이는 큰 인물이 갖춰야 할 필수 덕목이기 때문이다.

물론 케네디 가가 대통령을 배출하게 된 데는 케네디 자신이 누구보다 노력을 게을리하지 않아서이기도 하다. 그는 영국의 총리를 지낸 윈스턴 처칠을 역할모델로 삼아 그를 닮으려고 노력했다. 케네디는 어릴 때부터 토론 능력은 탁월했지만 첫 연설에서 말을 더듬어 보좌진에게 실망을 안겨주기도 했다. 보좌진들조차 그 형편없는 연설에 누가 귀 기울여줄까 고민할 정도였다. 하지만 케네디는 이내 피나는 노력으로 명연설가가 되었다. 이것은 다름 아닌 케네디 부모의 자녀교육 대원칙인 "처음에는 서툴러도 열심히 반복하면 최고가 될 수 있다"에 따른 결과였다.

케네디 가문은 영국인들에게 늘 무시를 당해온 아일랜드 출신이다. 그것도 명문가가 아니라 시골 농부에서 출발했다. 그렇기 때문에 케네디 가는 더욱 분발해야 했고, 아일랜드인들 사이에서뿐만 아니라 영국 명문가들에게 부시낭하지 잃기 위해 백만장자가 되고 일등을 해야만 했다. 이렇게 시작된 '일등주의'는 가문의 원칙이 되었다. 일등을 하기 위해서는 어떻게 해야 할까? 누구도 처음부터 잘하는 사람은 없다. 또 아무리 능력이 모자라도 열심히 노력하는 자는 당해낼 도리가 없다. 처음에는 다소 부족하고 서툴더라도 꾸준히 노력한다면 끝내 이길 수 있다는 말이다. 그래서 케네디 가 사람들은 공부든 운동이든 돈벌이든 무엇에서든지 최고가 될 수 있었다.

케네디 가문은 미국에 정착한 지 110여 년 만에 대통령을 배출했다. 하지만 단지 한 세대가 열심히 일하고 노력해서 명문가가 된 것은 아니었다. 3대에 걸친 피눈물 나는 노력과 엄격한 자녀교육을 통해 이민 4대째에 비로소 미국 역사상 가장 위대한 대통령을 낳은 가문이 되었다.

케네디 가의 교훈은 꿈은 세대를 거쳐서라도 적극적으로 후원하고 이끌면 이룰 수 있다는 사실이다. 케네디 가는 경제적으로 부를 이룬 다음 정치 가문의 초석을 쌓아 대통령을 만들어보겠다는 원대한 꿈을 가졌다.

요즘 우리 사회에서는 "자기 한 몸만 잘 먹고 잘살면 된다"는 분위기가 확산되고 있다. 뭐하러 굳이 자녀 때문에 인생을 힘들게 사느냐고도 말한다. 자기 인생만 즐기면서 살면 그만이라는 생각이다. 그래서인지 결혼 기피 풍조와 함께 출산율마저 점차 감소하고 있다.

하지만 어떤 이들은 자녀를 올바르게 키우는 일이야말로 가장 보람 있고 값어치 있는 일이라고 말한다. 자신의 아이들이 당대에 큰 인물이 되고 부자가 되기를 바라며 교육에 열성을 다하는 것도 그 때문이다. 물론 당대에 큰 인물을 키워낸다면 그보다 더 좋은 일은 없을 테지만, 자녀를 당대에 큰 인물로 키워내지 못하더라도 케네디 가처럼 단계적으로 목표를 세워 꿈을 이룰 수 있도록 이끌어준다면 다음 세대나 그 다음 세대에서는 더 좋은 삶을 살 수 있지 않을까.

우리나라에서는 현대그룹 정주영 회장이 재벌 회장에서 대통령까지 넘본 적이 있었다. 외국에서도 이와 비슷한 사례를 찾을 수 있다. 총리직에서 쫓겨난 태국 탁신 총리의 전직은 재벌 총수였다. 그렇지만 결국 정주영은 대통령에 당선되지 못했고, 탁신은 정경유착을 이유로 쫓겨났다.

반면에 케네디 가는 3대가 단계적으로 발전을 거듭하면서 결국 대통령을 만들어냈다. 그것도 미국 역사상 가장 존경받는 인물을 탄생시켰다. 케네디 가문은 전형적인 명문가의 탄생 스토리를 가지고 있지만, 그들이 일궈낸 결과물은 할아버지—아버지—아들로 이어지는 3대, 100여 년에 걸친 세대 간의 멋진 합작품이라고 말할 수 있다.

케네디 가를 자녀교육의 본보기로 삼을 만한 이유도 바로 거기에 있으리라. 아무리 가난해도 누구나 열과 성을 다해 자녀교육에 임한다면 부자도 될 수 있고, 명문가의 반열에도 오를 수 있다. 더욱이 케네디 가는 정치 가문을 꿈꾸는 모든 이들에게 3대 만에 대통령도 만들어낼 수 있다는 자신감을 심어주기에 충분하다.

2 스웨덴의 경주 최부잣집_ 발렌베리 가
5대 150년 동안 존경받는 부자의 비결

발렌베리 가의 자녀교육 10훈
자녀를 존경받는 부자나 CEO로 키우고 싶은 부모들에게

1. 해군 장교로 복무하여 강인한 정신력을 기르도록 한다.
2. 명문대와 세계적인 기업에서 넓은 안목을 기른다.
3. 국제적인 인맥 네트워크를 만든다.
4. 대대로 내려오는 원칙을 공유하고 중시한다.
5. 돈은 번 만큼 사회에 돌려주는 것이 당연하다.
6. 일요일 아침마다 자녀들과 산책을 하며 함께 시간을 보낸다.
7. 형제간 옷을 대물림하며 검소한 생활을 몸에 익힌다.
8. 결코 튀지 않게 행동한다.
9. 할아버지가 손자의 스승이 되어 지혜를 전한다(격대 교육).
10. 후계자가 되려면 먼저 애국심을 갖춰야 한다.

반드시 세계적인 기업에 취직해
안목을 키워라

말썽꾸러기 아이도 존경받는 부자가 될 수 있다

　사회에 가장 필요한 사람은 존경받는 인물이다. 존경받는 부자, 존경받는 기업인, 존경받는 교사, 존경받는 학자, 존경받는 정치인 등 사회 각 분야에서 저마다 존경받는 사람들이 많을수록 그 사회는 살 만한 사회이다. 특히 부자 중에서 존경받는 부자, 존경받는 재벌 기업인이 많으며 미래의 주역이 될 청소년들이 이들을 본받아 용기를 얻고 살아갈 수 있다.

　5대에 걸쳐 세계적으로 존경받는 부자 가문이 있다. 국민들로부터 존경을 받으며 150여 년을 이어오고 있는 스웨덴의 세계적인 명가인 발렌베리 가문이다.

　스웨덴의 발렌베리 그룹은 삼성이나 현대그룹처럼 스웨덴의 대표적인 기업으로 통한다. 발렌베리 그룹이 사회적으로 존경받는 것은 무엇보다 수익의 일정 부분을 사회에 내놓으며 양심적인 경영을 해왔기 때문이다. 하지만 발렌베리 가가 처음부터 존경받는 기업, 존경받는 부자였던 것은 아니다. 은행을 만들고 큰돈을 벌면서 사회에 끊임없이 도움을 줌으로써 스웨덴에서 가장 존경받는 기업이라는 평판을 얻어 5대 150년을 이어오고 있는 것이다.

발렌베리 그룹을 세계적인 기업으로 만든 안드레 오스카 발렌베리(1816~1886)는 목사인 아버지와 부유한 상인 집안 출신인 어머니 사이에서 태어났다. 막내였던 안드레는 어린 시절 말썽꾸러기였고, 성적이 좋지 않아 늘 구박을 받으며 자랐다. 그러던 안드레가 어느 날 자신의 인생에 대해 심각하게 고민하기 시작했다. 안드레는 아버지의 바람과 달리 공부만 생각하면 마음이 답답했다. 또 아버지처럼 성직자가 되기도 싫었다. 그때 안드레는 무역선을 타고 세계 각지를 여행했던 할아버지를 떠올렸다. 그는 장차 바다에 나가 세계 각지를 돌아다니면서 사업을 하고 싶었다. 그러기 위해 그는 해군사관학교에 들어가기로 결심했다.

계획대로 해군사관학교에 입학한 안드레는 휴일이면 친구들과 함께 바다에 나가 놀기도 하면서 마냥 즐겁고 신나는 나날을 보냈다. 그러던 어느 날 안드레에게 청천벽력 같은 일이 일어났다. 친구들과 바다에 나갔다가 그만 배가 침몰했는데 혼자만 살아 돌아온 것이다. 동료들이 죽고 혼자만 살아남았다는 사실만으로도 심적 고통이 컸는데, 그 사건은 해군장교로서도 치명적인 오점이 되었다. 승진에도 불리하게 작용할 게 뻔했다. 결국 그는 이 길로 성공하기는 어렵겠다는 판단을 내렸다.

다른 일을 찾아보기로 결심한 안드레는 무거운 마음으로 미국 보스턴행 배에 올랐다. 우연하게도 미국 대통령을 탄생시킨 케네디 일가가 아일랜드를 떠나 보스턴으로 이민 오기 바로 몇 해 전이었다. 새롭게 떠오르는 미국에서 자신이 할 일을 찾아볼 요량으로 도피하듯 미국으로 갔는데, 그것이 그의 인생뿐 아니라 발렌베리 그룹을 일군 계기가 되었다. 그의 작은 불행이 오히려 큰 행운을 불러들인 셈이다.

안드레는 보스턴에서 장차 자신이 살아갈 밑그림을 그릴 수 있었다. 그곳에서 그는 금융업에 눈을 뜨고 은행가로서의 미래를 설계했다. 당시 미국은 사기가 난무하던 시절이어서 은행이 줄줄이 파산했고, 그 여파로 경제가 혼란에 빠져 있었다. 이를 지켜본 안드레는 은행 시스템이 제대로 유지되는 사회라야 경제가 안정적으로 성장할 수 있다는 사실을 깨달았다.

그는 2년 동안의 미국 생활을 접고 스웨덴으로 돌아와 금융산업에 관련된 책을 구입해 읽는 등 본격적으로 미래를 준비하기 시작했다. 또한 안드레는 자신의 우려와는 달리 복직한 해군에서도 인정을 받아 1846년에 스웨덴 최초 증기선의 선장에 임명된 데 이어, 1850년에는 스웨덴 중부의 해군 책임자로 선임되었다.

흔히 하는 이야기로 행운은 덩굴째 굴러온다고 한다. 그는 얼마 후 국회의원에도 당선되면서 스웨덴의 주목받는 정치인으로 성장해 나갔다.

그런데 안드레가 은행을 준비하는 과정이 무척 흥미롭다. 그의 첫 고객은 다름 아닌 어머니였다. 그는 은행 업무를 배울 겸 우선 부유한 상인 집안 출신인 어머니의 유산을 맡아 관리하고 그 대가로 이자를 주었다. 어머니에게 높은 이자를 주었는데 어머니가 상류층 친구들을 소개시켜 주면서 고객 수가 하나둘 늘어나기 시작했다.

은행업에 자신감을 얻은 안드레는 1856년에 마침내 스톡홀름엔스킬다 은행(현 SEB)을 건립했다. 이 은행은 스웨덴 최초의 민간 은행으로 스웨덴이 가난한 나라에서 부자 나라로 도약하는 데 결정적인 역할을 하게 된다. 당시에는 저축이라는 개념이 없어, 은행에 큰 돈이 없기 때문에 안드레는 국내외에서 돈을 끌어모아 기업들에게 돈을 빌려주고 높은 이자를 받아 큰돈을 벌 수 있었다. 그리고 은행을 통해 큰 재산을 모은 안드레는 기업들을 잇달아 사들이면서 발렌베리 그룹의 토대를 마련했다.

이와 같이 발렌베리 가문의 역사는 안드레 오스카 발렌베리가 1856년 스톡홀름엔스킬다 은행을 설립하면서부터 시작되었다. 발렌베리 가는 금융업에서 출발해 전자, 트럭, 의료 장비, 제지, 산업공구, 베어링, 원자력, 항공기, 정보 산업에 이르는 11개 핵심 업체를 보유한 대기업으로 성장했다. 발렌베리라는 이름은 생소하지만 발렌베리가 보유하고 있는 기업의 이름을 대면 금세 알 수 있다. 에릭슨(통신 기기), 일렉트로룩스(가전), ABB(중전기), 사브(SAAB·항공기), 스카니아(상용차) 등 100여 개의 계열사가 발렌베리 가문이 일군 기업들이다.

그렇지만 100여 개의 회사들 중에서 발렌베리라는 이름이 들어간 기업은 하나도 없다. 통일된 그룹 로고도 없다. 이는 발렌베리가 철저하게 자회사들의 독립경영 원칙을 고수하고 있기 때문이다. 발렌베리 가문은 기업을 소유하고 있지만 회사 경영은 전적으로 전문경영인에게 맡긴다. 이는 우리나라의 대기업들이 계열사 이름에 대부분 그룹의 이름을 넣는 것과 사뭇 대조적이다.

발렌베리는 최근까지도 국내에 거의 알려지지 않았다가 2003년 여름, 삼성 이건희 회장이 발렌베리 그룹을 방문하면서부터 국내 언론의 집중적인 주목을 받게 되었다. 발렌베리 가가 5대째 가업을 이어오면서도 사회적으로 무한한 존경을 받으며 기업을 경영해 오고 있던 터라, 상속과 후계 문제로 속앓이를 하던 이건희 회장이 한 수 배우기 위해 그곳을 방문했던 것이다.

명문가는 가족뿐만 아니라 사회와 국가와도 좋은 관계를 유지해야 사회적으로 존경을 받을 수 있다. 자신을 부자로 만들어준 사회를 위해 좋은 일을 할 때, 부자는 그 사회에서 존경받는 부자가 될 수 있는 것이다.

아이가 훌륭한 사람으로 성장하기를 바란다면 부모는 아이를 더 넓은 세상으로 내보내 견문을 넓히도록 이끌어주어야 한다. 아이가 스스로 꿈을 찾아 떠난다면 다행이지만 그렇지 않을 경우에는 아이가 세상을 더 멀리 내다볼 수 있도록 부모가 도와주어야 한다는 말이다. 발렌베리 가문을 일으킨 안드레의 부모는 다행히도 이런 걱정을 하지 않았다. 영화 〈정복자 펠레〉에서 소년 펠레처럼 안드레

스스로 세상 속으로 들어가 자신의 일들을 찾아나섰기 때문이다.

엄격한 후계자 교육이 대대로 존경받는 부자를 만든다

　다시 말하지만 명문가는 가족뿐만 아니라 사회와 국가와도 좋은 관계를 유지해야 한다. 명문가가 자신의 가족만을 위해 존재한다면 사회적으로 결코 존경받을 수 없다. 자신이 부자가 될 수 있었던 것은 다름 아닌 자신이 살고 있는 사회와 자신을 위해 일해 주는 수많은 사람들이 있었기에 가능한 것이다. 또 이것이 바로 사회를 위해 끊임없이 봉사해야 하는 이유다. 축척한 부를 사사로이 이용한다면 그것은 소위 졸부들의 행태와 다를 게 없다.

　졸부 집안과 명문가의 차이는 바로 사회와 좋은 관계를 유지하느냐 아니냐에 달려 있다. 이것은 우리의 역사를 통해서도 알 수 있다. 동학혁명과 한국전쟁 때 사회와 원만한 관계를 유지하지 못했던 양반 가문들은 집이 불타거나 공개처형을 당하는 등 엄청난 수모를 겪어야 했다. 이는 재산을 모아 자신의 배만 불리고 이웃의 어려움은 외면했기 때문에 생긴 결과이다. 그래서 같이 살아가는 이웃과 궁합을 맞추는 일이 중요한 것이다. 이런 면에서 발렌베리 가문은 가족뿐 아니라 사회와 국가와의 궁합도 잘 맞춰간 대표적인 가문이라 할 수 있다.

　또한 정당한 재산이어야 후손들도 그 재산을 떳떳하게 행사할 수 있다. 천문학적인 재산을 모은 록펠러 가문은 5대에 이르자 그의 후손들이 가문에 대한 자긍심을 느끼지 못했다고 한다. 선조들이 부를 축적한 방식이 한마디로 무자비했기 때문이다. 후손들은 정당하지 못한 방법으로 모은 재산을 혐오하게 되었고, 결국 사회에 재산의 일부를 기부하기로 결정했다. 반면 발렌베리 가문은 록펠러 가문처럼 5대째 그 명맥을 유지해 오고 있지만 스웨덴뿐만 아니라 세계적으로 존경받는 가문, 존경받는 기업인으로 평가받는다.

우리나라에도 재벌 그룹이 많이 있다. 그중 대부분의 기업들은 자기 아들에게 회사를 물려주었거나 물려주려고 한다. 하지만 제대로 된 교육을 받지 못한 채 최고경영자의 자리에 오른다면 아버지가 애써 이룩한 회사를 하루아침에 무너뜨릴 수도 있다. 인정에 이끌려 후계 교육을 제대로 하지 않으면 자신의 가문뿐만 아니라, 그곳에서 일하는 수많은 노동자들의 생계까지 불안하게 만들 수 있다는 말이다. 결국 엄격한 후계 수업을 하지 않고 기업을 물려주는 것은 어떻게 보면 사회에 큰 죄를 짓는 것이나 다름없다.

2006년 봄, 현대 그룹 정몽구 회장이 구속될 때 "도저히 아들을 감옥에 보낼 수 없어 내가 모든 책임을 떠안기로 했다"는 기사를 본 적이 있다. 만약 이 말이 사실이라면 정회장은 잘못된 후계 교육을 하고 있는 것이다. 자신뿐만 아니라 아들에게도 잘못이 있다면 그 책임을 스스로 지게 하는 게 당연하지 않을까? 모든 죄를 자신이 짊어지는 것이 진정 아들을 위한 길인지 다시 한 번 생각해 볼 일이다.

자녀교육은 전적으로 부모에게 달려 있다. 곱게만 키운 자식은 나중에 큰 위기가 닥쳤을 때 이를 이겨낼 힘이 부족해 쉽게 좌절하고 만다. 반면에 가혹할 정도로 시련을 겪으면서 자란 아이는 큰 위기 앞에서도 의연하게 대처할 수 있다. 하지만 안타깝게도 대부분의 부모들은 아이들을 그저 애지중지할 뿐 위기에 대처할 수 있는 능력은 길러주지 못하고 있다. 이것은 제대로 된 자녀교육이 아닐뿐더러 나중에 아이에게 더 큰 어려움을 안겨줄지도 모른다.

발렌베리 가문은 일부러 자녀들이 혹독한 시련을 겪으며 자라도록 교육한다. 물론 부모가 충분히 도움을 줄 수 있는 큰 부자이지만 자녀가 혼자 자립할 수 있도록 작은 도움도 주지 않는 것으로 알려져 있다. 이것은 능력 있는 경영자로서의 자질을 키우기 위해서이다. 후계자로서의 자질을 제대로 갖추어야 회사를 위기에 빠뜨리지 않는다는 판단에서인데, 자칫 잘못해 회사가 부도 나면 자기 집안뿐 아니라 스웨덴 전체에 악영향을 미칠 수 있기 때문이다.

발렌베리 가문 출신들은 회사를 맡기 위해 독특한 교육 과정을 거쳐야 한다. 우선 해군장교 복무, 부모 도움 없는 명문대 졸업, 해외 유학, 국제적인 금융회사에서의 취업 경력, 폭넓은 인맥 네트워크 등이 필수적인 조건이다. 여기에 경영자에게 요구되는 덕목인 열정, 리더십, 애국심, 도덕성 같은 덕목도 갖춰야 한다. 이를 통해 자기절제, 극기력과 함께 애국심을 기르고 국가 발전에 기여하는 기업인으로서의 자질을 검증받는 것이다. 높은 신분에 걸맞은 도덕적 의무, 즉 '노블레스 오블리제'가 후계자의 제1조건이다. 여기에 기업 경영에 헌신할 수 있는 열정과 기업을 이끌 수 있는 역량을 갖

추면 비로소 후계자로 지목되는 것이다.

　후계자들은 대부분 해군사관학교를 졸업하고 장교로 복무하는 전통을 지켜왔다. 발렌베리 가의 자녀들은 어릴 때부터 강인한 의지와 국제적인 시야를 가진 유능한 경영자가 되어야 한다는 가르침을 받으면서 자라는데, 특히 창업자인 안드레 발렌베리가 다녔던 해군사관학교에 입학하는 것은 후계자가 거쳐야 할 필수 코스였다. 청소년 시절부터 험난한 바다 생활을 경험할 수 있을 뿐만 아니라 위기에 대처하는 판단력과 위기관리 능력, 호연지기를 기를 수 있기 때문이다.

　인생이란 언제 폭풍우를 만나거나 거친 풍랑에 휩쓸릴지 모른다. 또한 지도자에게 요구되는 강인한 정신력과 몸을 단련하기에 거친 바다만큼 안성맞춤인 곳은 없다는 판단에서다. 발렌베리 가에서는 이처럼 사관학교의 훈련 과정을 통해 리더십과 바다만큼 넓은 시야를 갖도록 아이들을 가르쳤다.

발렌베리 가문이 해군사관학교에 집착하는 또 하나의 이유는 스웨덴 같은 산업후발국은 바다로 나가 외국과의 교류를 활발히 해야 한다는 안드레의 가르침 때문이다. 발렌베리 가는 돈을 벌기에 앞서 애국심부터 강조한다. 애국심 없이 버는 돈은 목적지 없이 항해하는 배와 같다고 보기 때문이다. 그래서 발렌베리 그룹은 회사가 경영자의 사유물이 아니라 국가를 위해 존재한다는 의식이 강하다.

스웨덴은 1895년에 다이너마이트를 개발해 부자가 된 알프레드 노벨이, 전 재산을 기증하여 노벨상을 제정하는 등 기부문화가 하나의 전통으로 자리잡은 나라이다. 발렌베리 가문은 그 전통을 이어가고 있는 셈이다.

폭넓은 인맥을 만드는 것이 공부보다 더 중요하다

발렌베리 가문의 자녀들은 해군사관학교를 졸업하면 세계 유명 대학에서 MBA(경영학석사) 등 정통 엘리트 코스를 거쳐야 한다. 이어 뉴욕이나 런던, 파리 등지에 있는 국제적인 금융회사에서 후계자로서의 자질을 갖추기 위한 실전 업무를 경험해야 한다. 이와 같은 과정을 거쳐야만 국제금융과 산업의 흐름을 파악할 수 있고, 국제적인 인맥 네트워크를 구축할 수 있기 때문이다.

국제적인 인맥 네트워크는 발렌베리 가문이 세계적인 기업으로 성장해 올 수 있었던 비결 중의 하나로 꼽힌다. 케네디 가문의 경우에도 케네디 아버지부터 대대로 하버드에 입학해 미국의 전통적인 명문가 자제들을 친구로 사귀면서 최고의 인맥 네트워크를 형성할 수 있었듯이, 발렌베리 가의 자손들도 세계 명문대에 진학하고 은행에 근무하면서 세계적인 인맥 네트워크를 구축해 나갔다.

발렌베리 그룹 창업자의 장남 크누트 아가손 발렌베리는 서른세 살에 부친의 뒤를 이어 은행 경영에 참여했다. 크누트도 부친과 마찬가지로 해군사관학교를 졸업한 뒤, 프랑스 파리에 있는 크레디리요네 은행에서 근무하며 후계자로서의 자질을 쌓았다. 또 제1차 세계대전 당시에는 스웨덴의 외무장관을 지내기도 했다.

발렌베리 그룹을 이끌고 있는 창업자의 5대손인 야콥 발렌베리와 그의 사촌인 마커스 발렌베리 모두 이러한 '정규 코스'를 거쳤다. 스톡홀름엔스킬다 은행의 회장인 야콥은 미국 와튼스쿨 MBA 출신으로 뉴욕의 JP모건, 런던의 함브로스 은행에서 근무하다 1995년에 경영권을 물려받았다. 마커스 발렌베리는 투자 회사인 인베스터 사의 CEO로 미국 조지워싱턴 대학을 졸업했다.

이렇게 쌓아올린 탄탄한 인맥은 발렌베리가의 경영자들이 국제 비즈니스계에서 중심적인 역할을 맡는 데 결정적인 요소로 작용했다. 창업자의 아들인 마쿠스는 국제연맹의 금융위원회 위원장을, 그의 아들 마쿠스 2세는 국제상공회의소 회장을 지냈다. 또 서방의 정치인, 기업가, 주요 왕실 관계자들이 주축이 된 '빌더버그 그룹'이라는 국제적인 인맥 네트워크의 멤버이기도 하다. 빌더버그 그룹의 영향력은 세계 어떤 조직도 넘볼 수 없을 만큼 막강한 것으로 정평이 나 있다.

현재 발렌베리 그룹 가운데 세계 1위 기업만 해도 5개에 이른다. 통신장비업체 에릭슨, 발전설비업체 ABB, 가전업체 일렉트로룩스, 제지업체 스토라엔소, 베어링 업체 SKF 등 무려 5개의 기업이 각각 해당 분야에서 세계 1위를 차지하고 있다.

흥미로운 것은 발렌베리 가문이 1856년에 금융업으로 시작했지만 곧 호텔 경영에 뛰어들었다는 사실이다. 1874년 스톡홀름에 그랜드호텔을 개업한 이래 탄탄한 운영을 해오고 있는데, 이 호텔은 건물 자체가 문화재로 꼽힐 만큼 뛰어난 설계를 자랑한다. 또 매년 노벨상 수상자들이 묵는 호텔로도 유명하다. 발렌베리 가문이 호텔 경영을 고집하는 이유는 인맥을 중시하는 가풍과도 무관하지 않다. 인맥 형성과 관리가 사업 성공의 주된 요소라는 것을 이미 130년 전에 간파했던 것이다. 우리나라의 대기업들이 호텔을 운영하는 것도 이와 같은 맥락에서다.

검소한 생활과 튀지 않는 처세술

발렌베리 가문의 철칙 가운데 하나는 "존재하지만 드러내지 않는다"는 것이다. 후손들은 항상 대중의 시선 밖에서 머무르려고 노력한다. 겉으로 보이는 명성보다는 실속과 내실을 기하려는 의도이다. 그런 이유 때문에 발렌베리 가 사람들은 미디어에 요란하게 노출되는 것을 의도적으로 피한다.

이는 피렌체의 명문가였던 메디치 가에서 내려오는 "언제나 대중의 시선에서 벗어나라"는 원칙과도 닮았다. 실제로 이 가훈은 메디치 가 사람들의 스타일이 되었으며, 메디치 가문이 명문가로 발돋움하는 데 결정적인 역할을 했다. 메디치 가가 두 명의 교황을 배출하는 등 역사상 최고의 명문가로 자리매김할 수 있었던 원동력도 바로 튀지 않는 자세이다. 한국 속담에 "모난 돌이 정을 맞는다"는 말이 있다. 결정적으로 힘을 행사할 수 있기 전에 자신을 드러내는 것은 상대의 공격에 노출되기 쉽고 위기를 자초할 수 있다는 의미다.

이렇듯 원칙은 대를 이어가면서 가문을 번성하게 하는 지주가 되어준다. 우리나라의 경주 최부잣집은, ▶과거를 보되 진사 이상은 하지 마라, ▶재산은 1만 석 이상 지니지 마라, ▶과객을 후하게 대접하라, ▶흉년기에는 땅을 사지 마라, ▶며느리들은 시집 온 후 3년 동안 무명옷을 입어라, ▶사방 백 리 인에 굶어 죽는 사람이 없게 하라 등 여섯 가지 가문의 원칙(6훈)을 12대에 걸쳐 지키면서 한국에서 가장 존경받는 부자가 될 수 있었다.

발렌베리 가는 여러 모로 최부잣집과 닮은 점이 많다. 며느리가 시집 와서 3년 동안 무명옷을 입으면서 검소한 생활을 실천한 최부잣집처럼 발렌베리 가도 형제자매들의 옷을 대물림해서 입었다. 지금도 형제들이 많은 집안에서는 헌 옷을 가져다가 아이들에게 입히

곤 하는데, 발렌베리 가는 세계적인 재벌임에도 이러한 전통을 이어오고 있다. 또 아이들은 부자의 자손이라는 티를 조금도 내지 않았고, 용돈을 받으면 그중 일부는 반드시 저축을 해야 했다. 용돈은 풀을 뽑는 등 집안일을 거들어 받았다.

발렌베리 가문은 자녀들이 가문에 자긍심을 갖도록 교육했다. 자긍심은 톨스토이에게서 보았듯이 보이지 않는 힘으로 작용한다. 톨스토이는 조상들의 숨결이 느껴지는 영지와 숲속을 산책하면서 선조들이 늘 자신과 함께 살아 있음을 느꼈다고 한다. 결국 가문에 대한 자긍심은 고아가 된 톨스토이로 하여금 대문호가 되게 한 보이지 않는 힘이었다.

발렌베리 가에서는 매주 일요일 아침마다 할아버지가 아이들과 함께 숲을 거닐면서 선조들의 위대한 업적을 들려주었다고 한다. 또 사업적인 감각을 기를 수 있도록 할아버지가 손자를 직접 교육시켰다. 집에 손님이 오면 아이들도 그 자리에 참석하도록 했는데, 손님들과 주고받는 이야기를 통해 자연스럽게 세상 사는 지혜를 익히게 했던 것이다. 이러한 가풍은 3대인 마커스 발렌버그 2세의 회고록에도 잘 드러나 있다.

> "나는 어렸을 때부터 아주 자연스럽게 그룹 업무를 접하게 되었다. 그러다 보니 점차 그룹 문제에 관심이 생겼고 아버지의 말씀을 경청하며 의논하는 단계에 이르렀다. 또한 할아버지는 나의 청년 시절 좋은 스승이었다. 할아버지와 함께하는 자리를 만드는 것은 언제나

그룹에 대해 익히는 가장 효과적인 방법이었다."

발렌베리 가의 자녀들은 어릴 때부터 아버지와 할아버지로부터 어깨너머 교육을 받았던 셈이다. 옛 격언에 '아이는 어른의 등을 보고 배운다'는 말이 있듯이 우리나라에서도 이러한 교육을 해왔다. 집에 손님이 오면 아이들을 방으로 내쫓는 게 아니라 손님과 대화하는 것을 옆에서 지켜보게 한 뒤, 손님이 돌아가면 아이들에게 궁금했던 내용을 물어보게 함으로써 세상 보는 시야를 넓혀주었던 것이다.

일반적으로 집에 손님이 찾아오면 어른들은 아이들을 얼씬도 못하게 하지만, 아이를 그 자리에 동석시켜 어른들의 문화를 엿보고 익히도록 하는 것은 어떨까? 이것이 바로 산교육이다. 함께 어울려 살아가기 위해서는 상대방을 배려하는 대화법을 일찌감치 익혀두어야 한다. 어려서부터 가정에서 좋은 습관을 가르쳐야 하는 이유이다.

발렌베리 가의 아이들은 이런 훈육 과정을 통해 책임감 강한 아이로 거듭나면서 자연스럽게 사업 감각을 익힐 수 있었다. 발렌베리 가문이 존경받는 부자로 명맥을 이어올 수 있었던 배경에는 가문의 구성원들이 대대로 이어져 내려오는 원칙을 따르고 실천한 데 있었다. 자녀가 아버지나 할아버지의 철학을 따라주지 않으면 5대에 걸쳐 존경받는 기업으로 거듭나기란 불가능하다.

케네디 가의 경우에도 아버지가 열정적으로 자녀들을 위해 준비하고 계획했으며, 자녀들도 아버지의 가르침을 잘 따랐기 때문에 결국 대통령까지 배출할 수 있었다. 발렌베리 가도 이에 못지않게 대대로 이어오는 원칙을 자녀들이 잘 따라주었기에 오늘날과 같은 자리에 오르게 된 것이다.

케네디 가가 대통령를 배출할 수 있었던 것은 한 대에서 모든 것을 이루려 하기보다 3대에 걸쳐 단계적으로 목표를 이루어 나갔기 때문이다. 한 세대를 30년으로 보면 3대가 100년 동안의 지혜를 모은 셈이다. 한 사람의 지혜로는 불가능해 보이는 일도 3대가 힘을 합치면 가능해지는 법이다. 발렌베리 가도 100년 후를 내다보며 기업 경영을 해나가고 있는데, 그러다 보면 투자도 장기적인 관점에서 할 수 있게 된다. 당장 눈앞의 이익만을 쫓지 않고 100년을 내다보고 기업 경영을 하는 사람은 결코 자신과 가문만을 위해 일하지 않기 때문이다. 결국 큰 인물, 큰 기업을 만들기 위해서는 멀리 내다볼 줄 알아야 한다는 교훈을 두 가문의 이야기를 통해 다시 한 번 확인할 수 있다.

돈을 벌면 반드시 사회에 환원하라

『월간 CEO』에서 '우리나라 초등학생들에게 돈을 벌면 나중에 제일 먼저 무엇을 하고 싶은가' 라는 설문조사를 한 적이 있다. 그런데 뜻밖에도 아이들은 '사회 환원'을 가장 많이 꼽았다. 우리나라에서 재벌이 사회적으로 존경받지 못하는 가장 큰 이유는 상속세조차 제대로 내지 않는 기업 풍토 때문이다. 자신들만 잘 먹고 잘살기 위해 돈을 벌고 있다는 인상이 강한 터라 아이들의 대답이 '뜻밖'으로 여겨질 따름이었다.

　우리나라와 달리 세계적인 부자들은 돈을 잘 버는 것 못지않게 돈을 잘 쓰는 데 큰 의미를 둔다. 세계 최고의 부자인 빌 게이츠 역시 50조 원이 넘는 재산을 어떻게 사용할까 고민하고 있다.

　발렌베리 가문은 창업자부터 5대를 이어오면서 조용하되 적극적으로 많은 돈을 사회에 기부한 것으로 유명하다. 발렌베리 가문은 이미 100여 년 전부터 돈을 벌면 사회에 되돌려주는 것을 가문의 원칙으로 삼았다. 그들은 막대한 부를 자신들만을 위해 사용하지 않고 번 만큼 사회에 환원하는 것을 당연하게 여겨왔다.

발렌베리 그룹은 먼저 그룹에서 수익이 나면 공익재단인 발렌베리 재단에 맡긴다. 그러면 발렌베리 재단은 수익의 대부분을 스웨덴의 과학기술 발전을 위한 자금으로 헌납한다. 이렇게 함으로써 기업의 이익을 자연스럽게 스웨덴 사회 전체로 되돌려주는 것이다.

이러한 소유와 경영의 분리는 한국의 재벌들이 반드시 본받아야 할 덕목이다. 기업을 만들고 경영하기보다 유지하기가 더 어렵다는 말이 있다. 자기 가족만 잘 먹고 잘살기 위해 기업을 경영한다면 사회적으로 존경받을 수 없고, 그런 기업은 오래가지 못할 것이다.

발렌베리 그룹은 스웨덴 주식시장 총액의 절반, 국민총생산의 3분의 1을 차지하고 있다. 그럼에도 발렌베리 그룹 경영진의 재산은 고작 200억 원대 정도라고 한다. 수익이 나면 재벌 회장의 주머니로 들어가는 것이 아니라 재단으로 귀속되기 때문이다. 이건희 삼성 그룹 회장과 정몽구 현대차 회장이 각각 2조 7,000억 원대에 이르는 재산을 소유하고 있는 것을 감안한다면 쉽게 비교가 될 것이다.

발렌베리 그룹 창업자의 아들인 크누트는 1917년 자신의 전 재산을 기부해 크누트 앤 앨리스 발렌베리 재단KAW을 설립했다. 무려 4조 원에 이르는 규모로 노벨재단보다도 큰 규모이다. 그는 스톡홀름 경제대학을 설립하는 등의 공익사업과 도서관을 짓고 과학기술 분야를 후원하는 데 앞장섰다. 특히 기초과학기술 연구를 적극 지원해 스웨덴 노벨상 수상자를 내는 데 크게 기여했다.

스웨덴의 수도인 스톡홀름 시청 앞 광장에는 전 재산을 기부해 재단을 만든 크누트의 동상이 서 있다. 발렌베리 가문이 그만큼 스웨덴 국민으로부터 신뢰를 받고 있다는 증거가 아닐까. 스톡홀름 시가 재정적으로 어려움을 겪을 때마다 그는 기꺼이 사재를 털어 시민의 행복을 증진하는 데 기부했다. 시민들은 그 뜻을 기려 그의 흉상을 시내 한복판에 세웠다고 한다.

명문가에게 배운다·2

존경받는 부자로 키우려면
애국심부터 가르쳐라

성경에 나오는 문구를 빗대어 말하면 "부자가 존경받는 것은 낙타가 바늘구멍에 들어가는 것보다 어렵다"고 한다. 우리나라도 예전에는 경주 최부잣집처럼 존경받는 부자가 있었지만 요즘은 흔치 않은 것 같다.

 외국에서는 자국에 내야 하는 세금이 너무 많다며 사업체를 다른 나라로 옮기는 사례가 종종 있다. 세계적인 가구 회사 '이케아IKEA'는 직접 조립해서 사용하는 가구를 생산하는 기업으로 우리나라에도 제법 알려져 있다. 발렌베리처럼 스웨덴에서 회사를 창업한 잉그바르 캄프라드 회장은 30여 년 전 회사를 아예 스위스로 옮겼다. 그 이유는 280억 달러(세계 4위 부자)의 재산을 가진 캄프라드 회장이 높은 세율을 피하기 위해서였다. 이런 예는 비단 기업에만 국한된 이야기가 아니다. 1980년대의 인기 그룹 아바ABBA도 세금이 너무 많다며 조국인 스웨덴을 떠나 활동했다.

또한 돈에 대한 지나친 욕심 때문에 명예롭지 못하게 매체에 오르내리는 경우도 다반사다. 케네디 가처럼 명문가를 꿈꾸던 미국의 억만장자 존 도너번이 자녀들과 재산을 놓고 갈등을 벌이다 아들에게 청부살해당할 뻔 했다는 기사를 접한 적이 있다. 더욱이 그는 MIT 교수였고, 아들도 MIT와 하버드 로스쿨을 졸업했다고 한다. 케네디 대통령을 흠모한 부친이 전 재산을 하버드 대학에 기부하려고 하자 자녀들과 갈등을 빚게 된다는 것이다.

이는 삶의 원칙을 부자지간에 공유하지 않았기 때문에 벌어지는 일들이다. 명문대 출신의 부자간에도 서로에 대한 존경과 믿음이 없다면 아무 소용이 없다. 그래서 유대인들은 돈을 소중히 여기면서도 매주 금요일을 안식일로 정하고 아버지와 자녀가 함께 『탈무드』를 읽으며 돈독한 관계를 쌓기 위해 노력한다. 지금도 유대인의 자녀교육이 아버지의 손에 의해 이루어지고 있는 것은 이러한 오랜 전통 덕분이다.

자녀교육은 결코 돈만으로 해결할 수 없다. 오히려 부모의 돈이 자녀를 망치는 경우가 비일비재하다. 부모의 재산만 믿고 공부와 일을 게을리하기 때문이다.

대제국 로마의 역사가 하루아침에 이루어지지 않았듯이 존경받는 부자가 되는 길은 오랜 시간과 공을 들여야 하는 일이다. 그리고 그 출발은 역시 자녀교육에 달려 있다고 하겠다.

발렌베리 가문이 존경받는 부자, 존경받는 기업의 상징이 된 것은 5대, 150년 동안 조국 스웨덴에 바친 끊임없는 애정과 투자의 결과이다. 그래서 사회주의 정권이 들어와도 발렌베리 가는 별 흔들림 없이 그 명맥을 유지할 수 있었다. 사회에 이로운 기업이다보니, 스웨덴 정부는 법률을 고쳐가면서까지 이 회사의 소유권이 다른 기업에 넘어가지 않도록 특혜를 주었다.

그동안 발렌베리 가문은 벌어들인 돈을 사회에 환원해 국가의 과학기술 분야를 지속적으로 지원해 왔다. 실제로 발렌베리 가가 사회사업을 위해 만든 재단은 무려 20여 개에 달한다. 재단의 기부금은 주로 기초과학 연구와 기술개발, 교육장학금 등으로 쓰여 스웨덴의 국가 발전에 큰 기여를 해왔다.

우리나라에도 존경받는 기업인이 있다. 유한양행을 창업한 고 유일한 회장은 회사 주식 전부를 직원들에게 나누어준 것으로 유명하다. 1971년에 유일한 박사가 작고하자 그의 유언장은 다시 한 번 세상을 놀라게 했다. 모든 유산을 사회에 기부하라는 유언이 적혀 있었기 때문이다. 그리고 아들에게는 "대학 공부까지 시켰으니 스스로 살아라"라는 유언만을 남겼다.

당시 일곱 살이었던 손녀에게는 대학까지 다닐 수 있도록 1만 달러를 주라고 했고, 딸에게는 "유한공고 안의 공원과 대지 5천 평을 줄 테니 그곳에 유한동산을 꾸며 누구나 자유롭게 다닐 수 있게 하라"는 것이 유언의 전부였다. 그 뒤 유일한 박사의 딸도 유한공고의 땅과 유한양행 주식을 사회에 기부함으로써 부친의 기부정신을 계승했다. 아버지의 정신이 딸에게도 그대로 이어진 것이다.

"살아 있지만 죽은 목숨"이라는 표현에 반대되는 뜻으로 '비죽음'이라는 말을 쓰기도 한다. '비죽음'은 '죽었지만 죽은 것이 아니다' 라는 뜻이다. 유일한 박사나 발렌베리, 노벨 등은 이미 죽은 사람들이지만 그의 정신은 모든 이의 뇌리 속에 남아 오늘날도 살아 숨쉬고 있다. 그리고 그들의 고귀한 정신은 다른 사람들에게도 전해져 제2, 제3의 유일한, 발렌베리, 노벨을 만들어낸다.

3 시애틀의 은행 명문가_ 게이츠 가
'컴퓨터 황제'를 있게 한 두 명의 똑똑한 친구들

게이츠 가의 자녀교육 10훈
자녀를 제2, 제3의 빌 게이츠로 키우고 싶은 부모들에게

1_ 큰돈을 물려주면 결코 창의적인 아이가 되지 못한다.
2_ 부모가 나서서 아이의 인맥 네트워크를 넓혀준다.
3_ 단점을 보완해 주고 뜻이 통하는 친구를 사귄다.
4_ 어릴 때에는 공상과학소설(영화)을 많이 읽는다.
5_ 어머니의 선물이 때로는 아이의 인생을 바꾼다.
6_ 신문을 보며 세상 보는 안목과 관심 분야를 넓힌다.
7_ 부잣집 아이라고 결코 곱게 키우지 말아라.
8_ 기회가 왔을 때 머뭇거리지 말고 과감하게 도전한다.
9_ 어린 시절의 다양한 경험은 자라서 든든한 사업 밑천이 된다.
10_ 부모가 자선에 앞장서면 아이들은 자연스럽게 본을 받는다.

진짜 부자 아빠는 자녀에게 큰돈을 주지 않는다

큰돈을 물려주면 결코 창의적인 사람이 되지 못한다

자신이 부자이지만, 내 아이가 부자 티를 내지 않고 제대로 자라주기를 바란다면 꼭 참고할 만한 가문이 바로 빌 게이츠 가다. 타고나면서부터 부자인 아이를 제대로 키우기란 여간 어렵지 않다. 부모가 부자인 아이들은 열심히 일하지 않아도 부모에게서 재산을 물려받아 풍족하게 살아갈 수 있다고 생각하기 십상이다.

미국에서도 '부자가 3대를 못 간다'는 사실이 통계 자료를 통해 증명되고 있다. 미국에서 10억 달러(1조 원) 이상을 상속받은 가문은 400여 개에 이르는데, 이 부가 3대를 지속하지 못하는 게 대부분이라고 한다. 정치 지형, 경제 구조, 기업 구조, 시장 흐름이 변했기 때문일 수도 있지만 무엇보다 후손의 무능함과 허영심, 낭비가 주원인이다.

그 대표적인 예가 바로 존 핸콕, 앨리어스 더비, 밴 레스레어 등의 가문이다. 이들은 18~19세기에 100만 달러 이상의 부를 축적해 미국 내 최고 갑부라는 명성을 얻었지만, 이른바 '부자 3대 운명'에서는 벗어나지 못했다. 현재 미국의 기부 명단에서 이 후손들은 흔적조차 찾아볼 수 없다.

빌 게이츠 가는 이런 점에서 '부자 아빠'가 아이를 어떻게 키워야 하는지에 대한 훌륭한 지침이 되어준다. 게이츠 가는 시애틀의 이름난 은행가와 변호사 집안이지만, 부자가 사회적으로 어떻게 처신해야 하는지에 대해 모범을 보여줌으로써 '리세스 오블리제', 즉 부자의 의무를 다한 가문으로 평가받고 있다. 아들 빌 게이츠 역시 세계 최고의 갑부이지만 다른 부자들과는 사뭇 다른 길을 걷고 있다. 그는 돈 많은 부모에 의지하지 않고 스스로 자립심을 키우면서 자신이 좋아하는 분야에 열정을 가지고 도전해, 결국 자기가 원하는 세상을 만들어냈다.

게이츠 가의 자녀교육 성공 사례는 비단 부자 아빠뿐만 아니라 아이를 똑똑하게 키우고 나아가 성공한 사업가로 키우려는 모든 부모들에게 귀감이 되기에 충분하다.

1955년 시애틀에서 태어난 빌 게이츠는 사립명문 레이크사이드 중·고등학교를 나왔다. 그는 열세 살 때부터 게임을 하기 위해 직접 프로그램을 짜기 시작했다. 1973년 모두가 선망하는 하버드 대학에 입학했으나 머지않아 개인용 컴퓨터가 모든 사무실과 가정에 중요한 도구로 자리잡게 될 것을 예견하고, 1975년 학교를 그만둔 뒤

고등학교 친구인 폴 앨런과 함께 마이크로소프트 사를 설립했다.

빌 게이츠가 하버드를 중퇴하고 회사를 차리겠다고 했을 때, 혹시 부자 아빠가 아들을 전폭적으로 지원해 준 게 아닐까 의심할지도 모른다. 하지만 빌 게이츠는 부자 아빠의 도움을 받지 않고 친구인 폴과 함께 스스로의 힘으로 사업 자금을 조달했다.

빌 게이츠는 사업을 시작하기 전에 먼저 부모님과 진지하게 상의했다. 결국 아들이 소프트웨어 회사를 차리겠다는 의지가 얼마나 확고한지를 안 부모는 그의 계획을 흔쾌히 허락했다. 빌의 애초의 계획은 잠시 공부를 그만두고 회사를 차렸다가 나중에 돌아와 학업을 마친다는 계산이었다. 그래서 아직까지도 빌 게이츠는 하버드대

휴학중이다. 빌 게이츠는 대학에서 공부하는 게 좋았지만 지금 당장 소프트웨어 회사를 차리지 않으면 다른 사람들에게 밀려 두 번 다시 기회가 오지 않을 거라고 생각했다. 그는 컴퓨터의 하드웨어를 움직이는 소프트웨어가 필수적일 거라 예측하고 남보다 한발 앞서 IT산업에 뛰어들었다. 만일 그가 "졸업 후에 해도 되지 않을까" 하고 머뭇거렸다면 그 아이디어는 다른 사람에게 빼앗겼을 테지만, 정확한 예측과 한발 앞선 실행이 빌 게이츠를 세계 최고의 갑부로 만든 것이다. 결코 부자 아빠가 물려준 돈이 그를 부자로 만든 게 아니었다.

언젠가 빌 게이츠의 아버지는 기자들로부터 "빌이 아버지로부터 많은 재산을 상속받았더라도 지금처럼 열심히 노력했을 거라고 생각하느냐?"는 질문을 받고 이렇게 대답했다고 한다. "빌에게 많은 재산을 상속해 주었다면 아마 마이크로소프트 사를 세우지 못했을 것입니다. 그 애가 부유한 환경에서 자랐다면 지금처럼 의욕을 갖고 사업을 하지는 않았을 거라고 생각합니다."

누구나 부족한 것을 느끼지 못하고 자라면 새로운 것에 도전하려는 의욕이 적어지기 마련이다. 이런 기본적인 돈에 대한 철학이 오늘날 빌 게이츠를 만들었을 것이다.

빌 게이츠는 성장하면서 자신이 닮고 싶은 인물(역할모델)로 자신의 부모님을 꼽았다. 역할모델은 아이가 자라면서 가장 많은 영향을 받은 사람을 뜻하는데, 부모가 그 역할을 한다면 그보다 더 좋을 수 없다. 하지만 부모가 아이로부터 존경받는다는 것은 쉬운 일이 아니다. 그런데 빌 게이츠는 자신의 역할모델로 부모님을 꼽는 데 주저하지 않는다.

> "전 훌륭한 부모님을 두었습니다. 부모님은 집에 돌아오셔서는 비즈니스나 법률, 정치, 자선활동 등 밖에서 경험한 것들을 우리들에게 고스란히 전해주셨습니다. 여동생과 제가 진로를 결정하는 데에도 부모님의 영향이 가장 컸어요. 또 우리는 부모님 덕분에 독서광으로 자라서 관심 분야도 굉장히 다양해졌지요."

부모와 아들 사이의 궁합이 이 정도라면 더 이상 무엇을 바라겠는가. 대개의 부모들은 밖에서 일어나는 일을 자녀들에게 좀처럼 이야기하지 않는다. 이는 부부 사이에도 마찬가지다. 이것이 가정에서 부부 사이, 부모와 자녀 사이의 대화가 잘 이루어지지 않게 되는 원인이다.

빌 게이츠의 부모가 자녀들에게 매일 일어난 일들을 들려주었던 것처럼, 가족 간에 스스럼없이 의견을 묻고 구하는 분위기를 만드는 것이 중요하다. 그래야 아이들도 부모에게 자신의 일과중에 일어난 일들을 자연스럽게 이야기할 수 있다. 그렇지 않으면 서로 공통된 주제를 찾을 수 없고 이야기를 나눈다 해도 기껏해야 몇 분을 넘기기 어렵다. 부모 자식 간의 충분한 대화야말로 훌륭한 자녀교육이 되고, 토론 공부가 되며, 사회에 대한 시각을 넓히는 창구가 될 수 있다.

세상을 바꾼 레이크사이드 어머니회의 선물

"성공하려면 하나의 목적에 전념하세요.
아들 빌도 어린 시절에 그랬죠."

빌 게이츠의 아버지는 어느 신문과의 인터뷰에서 "빌은 학창 시절 잠도 자지 않고 학교 컴퓨터실에서 시간을 보냈다"고 말했다. 빌은 밤마다 컴퓨터실에 가서, 컴퓨터의 뇌를 알아내겠다며 해킹을 시도하기도 해서 부모와 선생님들이 밤잠을 설친 적이 많았다고 한다.

빌 게이츠는 부모의 도움으로 명문가의 자제들만 입학한다는 사립명문 레이크사이드 학교에서 처음 컴퓨터를 접하게 되었다. 그리고 1967년 빌 게이츠의 어머니가 주도한 학교 어머니회는 자선 경매를 통해 거둔 수익금으로 컴퓨터를 구입해 학교에 기증했다. 컴퓨터가 앞으로 사회에 큰 영향을 미칠 거라는 생각에 따른 앞선 시도였던 셈이다.

그 무렵은 아직 'PC'라는 말조차 생겨나지 않았던 시절이었다. 일부 대기업에나 대형 컴퓨터가 보급된 정도였다. 컴퓨터가 너무 비싸 대부분의 학교에서는 들여놓을 엄두도 못 내던 시절이었다. 아주 초보 단계의 컴퓨터였지만 아이들은 컴퓨터에 완전히 마음을 빼앗기고 말았다. 빌 게이츠와 폴 앨런도 컴퓨터 작업을 하면서 밤을 새우기 일쑤였다. 아이들은 컴퓨터가 보여주는 전혀 새로운 세계에 빠져들었다. 빌 게이츠와 폴 앨런이 훗날 마이크로소프트 사의 공동 창업자가 되고, 컴퓨터의 황제에 오른 것은 레이크사이드 어머니회가 사준 한 대의 컴퓨터에서 비롯되었다고 해도 과언이 아니다.

우리나라 어머니들도 교사에게 촌지 줄 궁리만 하지 말고 아이들에게 교육적으로 꼭 필요한 물건이 무엇인지 먼저 헤아려보아야 하지 않을까?

빌 게이츠는 『미래로 가는 길』에서 아이들과 컴퓨터는 서로 궁합이 잘 맞는다면서 이렇게 말한다.

> "아이와 컴퓨터는 죽이 잘 맞는다. 아이는 새로운 물건에 주눅 들지 않기 때문이다. 아이가 호기심에 차서 컴퓨터를 건드리면 컴퓨터는 즉각 반응을 한다. 유치원에 안 다니는 아이가 컴퓨터에 푹 빠져 있는 것을 보고 걱정스러워하는 부모도 있겠지만, 제꺽제꺽 반응을 보이는 컴퓨터에 아이가 매료되는 것은 너무나 당연하다."

빌 게이츠는 어릴 적 별명이 책벌레였을 만큼 독서하기를 좋아했다. 빌 게이츠도 "오늘의 자신을 있게 한 것은 동네 도서관이었다"고 술회한 적이 있다. 컴퓨터의 황제인 빌 게이츠마저도 "컴퓨터가 결코 책의 역할을 대체하지는 못할 것"이라고 말한다.

빌 게이츠는 어려서부터 이해할 수 없는 문제가 생기면 답을 알아내려고 엄청난 노력을 기울였고, 그 때문에 도서관에서 많은 시간을 보냈다. 그는 컴퓨터에만 매달린 것이 아니라, 컴퓨터에 대한 궁금증이 생기면 당장 도서관으로 달려가 밤을 새워가며 해답을 찾아내려고 애썼다.

빌 게이츠의 대저택인 게스트하우스에는 눈길을 끄는 돔 형태의 건물이 하나 있는데 그곳이 바로 도서관이다. 도서관을 돔으로 지은 이유는 빛이 잘 들어오게 하기 위해서란다.

어린 시절 빌은 외할머니와 많은 시간을 보냈다고 한다. 게이츠와 여동생이 학교에서 돌아오면 늘 엄마 대신 외할머니가 반겨주었다. 그 시간에 빌의 어머니는 봉사 활동을 하느라 집을 자주 비웠기 때문이다.

외할머니는 늘 과자를 만들어놓고 아이들과 대화를 나누곤 했는데, 특히 게임과 카드 놀이를 좋아해서 어린 손자에게 다양한 카드 게임을 가르쳐주었다. 게임은 할머니가 단순히 시간을 때우는 일이라기보다는 아이들의 기술과 지능을 시험하는 시간이었다.

빌은 이때 할머니에게 배운 카드 실력으로 하버드대 친구들과 게임을 즐기곤 했다. 카드 실력이 보통이 아니어서 실제로 그를 당해낼 친구가 없었다고 한다. 더욱이 카드 게임으로 딴 돈은 나중에 든든한 창업 밑천이 되었다.

또한 외할머니는 빌에게 늘 책을 읽어주었다. 빌이 여러 분야에 관심을 가진 독서광이 되기까지는 외할머니의 영향이 크게 작용했던 셈이다. 수학과 과학을 비롯해 청소년을 위한 고전인 『샤로테의 거미집』, 『돌리틀 박사』, 『타잔 시리즈』도 할머니와 함께 읽은 책들이다. 해마다 여름이면 집 근처에 있는 공공도서관에서 독서경연대회가 열렸는데 그때마다 일등은 언제나 빌의 차지였다.

빌의 가족은 게임을 무척 좋아해서 거의 매일 밤 게임판이 벌어질 정도였다. 게임의 종류는 보드 게임에서 조각 그림 맞추기까지 정말 다양했다. 저녁식사 후에는 카드 놀이를 해서 설거지 당번을 정하기도 했다. 빌의 부모는 낱말 맞추기 게임을 통해 빌의 동생을 임신한 사실을 알린 적도 있단다. 빌이 낱말을 다 끼워 맞추자 "얘들아, 곧 꼬마 손님이 온단다"라는 문자가 만들어진 것이다. 빌은 동생이 생긴다는 사실을 알고 기쁜 나머지 "와~" 하고 환호성을 질렀다고 한다.

빌은 경쟁심이 강해 누구에게도 지는 걸 싫어했고, 최고가 되지 않고는 못 견디는 성격이었다. 외할머니는 카드 놀이를 통해 손자의 이런 개성을 잘 살려주었는데, 실제로 빌은 외할머니와 궁합이 너무도 잘 맞았던 것 같다. 외할머니는 손자의 성격을 잘 파악해 그에 걸맞는 재능을 키워준 것이다.

이것은 우리나라에서 오래전부터 할아버지와 할머니가 손자, 손녀를 지도했던 격대교육의 전통과도 유사한데, 결국 그런 전통이 세계적인 갑부가 된 빌 게이츠의 유년 시절을 이끌어주었다.

공상과학소설에 매료된 어린 시절의 꿈은 과학자였다

빌 게이츠는 은행가 가문에 변호사인 아버지와 사교계의 여왕으로 군림했던 어머니가 있긴 했지만, 고등학생 때부터 회사에 취직해 돈을 벌었다. 은행가 가문 출신답게 그는 청소년 시절에도 이재에 밝았다. 아마도 우리나라에서 부잣집 아들이 회사에 취업을 한다면 부모가 먼저 집안 망신시킨다면서 펄쩍 뛸 것이다. 그런데 빌 게이츠의 부모는 달랐다.

빌은 어려서부터 공상과학소설에 매료되었다. 그는 아직까지도 공상우주과학 영화인 「스타 트렉」에 열광하는 팬이다. 일곱 살 때 시애틀에서 열린 세계박람회는 그에게 과학의 세계를 동경하기 시작한 계기를 만들어주었다. 늘 지적 호기심으로 가득 차 있던 빌은 박람회를 보고 나서 과학자가 되기로 결심했다.

당시 일곱 살의 빌은 백과사전을 처음부터 끝까지 읽기로 마음먹었는데, P로 시작하는 항목까지 읽던 빌은 느닷없이 위인들의 전기를 읽는 데 빠져들었다. 그때부터 그는 루스벨트나 나폴레옹과 같은 인물들의 전기를 닥치는 대로 읽기 시작했다. 특히 나폴레옹에 대해서는 가능한 한 모든 것을 알려고 노력했다.

그는 학교에 들어갈 무렵 이미 무엇이든 일등이 아니면 못 견디는 아이가 되어 있었다. 어릴 때 친구들은 빌이 숙제나 악기 연주 등 그날 해야 할 일은 반드시 그날 해치웠다고 말한다. 또 남에게 지기 싫어해서 네다섯 장이면 되는 리포트를 서른 페이지가 넘는 논문으로 제출하기도 했다.

뛰어난 재능을 타고난 아이는 흔히 외곬수로 빠지기 쉽다. 그래서 빌의 부모는 아들에게 다양한 체험을 할 수 있는 기회를 마련해주었다. 보이스카우트 캠프에 보내고, 테니스와 수상스키도 해보도록 독려했다. 어머니는 빌에게 요일에 따라 다른 색깔의 옷을 입히고 식사도 규칙적으로 하도록 가르쳤는데, 빌이 모든 일을 계획적으로 실행하여 시간 낭비를 최소화하는 습관은 모두 어머니로부터 배운 것이다.

새벽 3시에 일어나는 '아침형 인간'으로도 유명한 빌 게이츠는 매일 한 시간 이상, 그리고 주말에는 두세 시간 정도 책을 읽는 습관을 아직까지도 실천하고 있다. 독서광인 빌 게이츠는 감명 깊게 읽었던 책들로 『위대한 개츠비』, 『호밀밭의 파수꾼』, 『고독한 평화』, 『메디슨 카운티의 다리』 등을 꼽는다.

또 날마다 신문과 여러 권의 잡지를 빠짐없이 읽는다. 요즘은 우리나라뿐만 아니라 세계적으로도 점차 신문을 안 보는 추세이지만, 빌 게이츠의 충고를 들어보면 신문이 왜 관심 분야를 넓혀주는 지식의 보고인지 충분히 알 수 있다.

신문을 읽으면 지면을 차지하는 뉴스의 비중을 보고 어떤 기사가 중요하고 덜 중요한지 그 가치를 한눈에 알 수 있어, 세상 보는 안목을 기를 수 있다. 반면 인터넷 포털사이트를 통해 뉴스를 검색하면 정보는 얻을 수 있을지 몰라도 어떤 기사가 사회적으로 더 가치 있는 정보인지를 판단하기는 어렵다.

빌 게이츠는 지금도 일주일 동안의 신문들을 처음부터 끝까지 빼놓지 않고 읽는 습관이 있다. 신문이 자신의 관심 분야를 넓혀주기 때문이다. 만일 그가 과학면이나 경제면 등 관심 있는 기사만 읽는다면 신문을 읽기 전이나 읽은 후의 자신은 조금도 달라진 점이 없을 거라고 말한다. 또 신문 지면을 통해 기사를 읽다보면 자신의

관심 분야 외의 기사도 자연스럽게 시야에 들어오고, 때로는 전혀 다른 분야에서 흥미로운 기사를 발견하게 된다는 것이다. 이것이 컴퓨터의 황제가 말하는 신문의 매력이다.

빌은 여행을 좋아하는데, 그 이유 역시 여행을 하면서 독서를 할 수 있어서다. 빌은 늘상 컴퓨터가 책을 완전히 대체하지는 못할 거라고 말한다. 그 이유는 책이 사람으로 하여금 애착을 느끼게 만드는 장점을 지녔기 때문이란다. 그래서 그는 자신의 두 아이들에게 컴퓨터를 갖게 하기 전에 먼저 책을 사주었다. 이는 부모들이 마음에 꼭 새겨두어야 할 대목이다. 컴퓨터 황제가 오히려 아이들에게 컴퓨터보다 책을 먼저 가까이하도록 한 것은 퍽 인상적이다.

빌 게이츠는 부유한 가정에서 행복하게 자랐지만 그의 삶이 늘 순탄했던 것만은 아니다. 그는 공부는 잘했지만 학교 생활에는 좀처럼 적응하지 못했다. 학교 규칙을 잘 따르지 않아 그의 부모가 세 번씩이나 학교에 불려갔던 적도 있다.

초등학교 6학년 때에는 학교 성적도 형편없었고 가족과의 관계도 원만하지 못해 아동심리학자에게 상담을 받기도 했다. 일 년 동안 빌의 상담을 맡았던 카운슬러는 빌에게 전통적인 행동 방식을 따르라고 강요하거나 좀더 고분고분해지라고 타이르는 건 쓸데없는 일이라고 충고했다. 말을 안 듣는다고 체벌을 가해도 아무 소용이 없으니, 차라리 빌의 성격에 부모가 맞추는 편이 더 나을 거라고 조언할 정도였다. 빌 게이츠는 일부 영재들처럼 사회성이 부족했던 모양이다.

빌 게이츠는 은행가 가문 출신답게 이재에는 유난히 관심이 많았다. 그가 마이크로소프트 사를 창업해 세계 제일의 갑부가 될 수 있었던 것도 일찍 비즈니스에 눈을 떴기 때문이다.

그는 1972년 여름방학 동안에 국회에서 사무보조원으로 봉사활동을 했는데, 그때 국회의원 후보가 공천에서 떨어지자 그 후보의 선거 캠페인 배지를 개당 5센트에 사들였다. 곧 이 배지는 수집가들의 애호품이 되었고 빌은 개당 25센트에 되팔아 이문을 남겼다.

또 빌은 고등학교 친구인 폴 앨런과 회사에 취직해 근무하기도 했는데, 그 회사의 급료 지불 기록 프로그램을 만들어 돈을 벌기도 했다. 그렇지만 빌 게이츠는 집으로 돌아와 다시 공부를 해서 이듬해인 1973년에 고등학교를 졸업하고 학교의 추천으로 하버드대에 입학했다. 당시 그는 컴퓨터광에 수학 교사보다 더 수학 계산을 잘하는 수학 천재로 소문이 나 있었다.

빌 게이츠를 세계 최고 갑부로 만든 명문학교 친구들

그의 운명을 결정한 친구를 만난 곳은 다름아닌 레이크사이드 중·고등학교와 하버드 대학이다. 명문학교에서 만난 똑똑한 친구들 덕분에 빌 게이츠가 오늘날 컴퓨터 황제가 될 수 있었다고 해도 과언이 아니다. 빌은 친구가 많지는 않았지만 한번 친해지면 깊게 사귀는 편이었다. 그래서 주변에 자신의 일을 도와줄 믿음직한 친구들을 둘 수 있었다.

빌의 인생에서 만난 최고의 친구는 고등학교 2년 선배인 폴 앨런이다. 폴은 그때 이미 게이츠보다 훨씬 더 컴퓨터에 정통해 있었다. 둘은 컴퓨터를 직접 조립하면서 앞으로 소프트웨어 사업에 매진해야겠다는 확신을 가졌다. 고등학교 시절의 이러한 경험으로 그들은 몇 년 후에 사업 동반자로 다시 만나게 되는데 빌 게이츠는 하버드 대학을, 폴 앨런은 워싱턴 주립대학을 각각 중퇴하고 1975년에 마이크로소프트 사를 설립했다. 빌은 폴이 컴퓨터에 대해 가르쳐주기 전까지만 해도 장차 아버지처럼 변호사가 되거나 과학자가 될 생각을 품고 있었다.

"우리가 아직 십대였을 때, 폴 앨런은 나에게
컴퓨터 하드웨어에 관해 많은 것을 가르쳐주었다.
그리고 마이크로 프로세서에 목숨을 걸라고 조언해 주었다.
나는 참으로 운이 좋았다. 그토록 젊은 나이에 친구 때문에
내가 사랑할 수 있고 나를 완전히 매혹시키는 무언가를
발견했으니 말이다. 한편 나에게 끊임없이 자극을 주고
용기를 북돋워주시는 부모님이 계셨다는 것 또한

커다란 행운이 아닐 수 없다."

빌 게이츠는 폴 앨런을 만난 것이 자신에게는 큰 행운이었다고 말한다. 빌 게이츠의 부모는 아이들이 될 수 있는 한 질문을 많이 하도록 시켰다. 그래서 빌은 학교에서든 친구에게든 늘 질문하기를 좋아했다. 한번은 빌이 친구 폴에게 "가솔린이 어떻게 차를 움직이느냐?"고 물었다. 폴은 아주 재미있고 머리에 쏙쏙 들어오게끔 설명해 주었다. 호기심이 많았던 빌은 선배에게 질문을 했고, 그 질문에 대해 알기 쉽게 설명해 주자 이들은 둘도 없는 친구 사이가 되었다. 결국 그들은 사업 동반자가 되었고, 그 인연이 마침내 빌 게이츠를 세계적인 갑부로 만들었다.

마이크로소프트 사는 게이츠와 앨런이 각각 60퍼센트와 40퍼센트의 지분을 소유하고 있는데, 창업한 지 11년 후인 1986년에 상장하면서 이들은 억만장자가 되었다. 빌 게이츠의 나이 서른한 살 때의 일이다. 아직 미혼인 폴 앨런은 220억 달러의 재산을 소유해 세계 갑부 서열 6위에 올라 있다. 앨런은 현재 마이크로소프트 사를 떠나 스티븐 스필버그와 영화 사업을 하고 미국 프로농구단과 미식축구단 등을 운영하며 자선사업가로 활동하고 있다. 또 공상과학박물관을 설립하는가 하면 우주에 대한 연구와 투자에도 활발하게 참여하고 있다.

수학 영재였던 빌 게이츠는 대학에 입학할 때 하버드뿐만 아니라 프린스턴대와 예일대에서 국립장학금으로 입학 허가를 받기도 했다. 결국 하버드를 선택한 그는 그곳에서 스티브 발머를 만났다. 스티브 발머는 게이츠에게 폴 앨런에 이어 운명을 결정 지은 두 번째 친구가 된다.

하버드 대학 시절 축구팀 선수를 하면서도 문학잡지 편집장과 교내 신문기자로 활동하던 스티브 발머는 기숙사에서 평생의 인연이 될 빌 게이츠를 만나게 된다. 빌 게이츠가 중도에 학업을 포기한 것과 달리, 스티브 발머는 하버드 대학을 졸업했다. 그리고 1980년 친구 빌 게이츠의 스카우트 제의를 받아들여 마이크로소프트 사에 입사했다.

빌 게이츠 회장이 모든 비밀을 털어놓을 정도로 가까운 친구인

스티브 발머는 지난 20여 년간 판매 영업을 담당했고, 2000년에는 최고경영자의 자리에까지 올랐다.

빌 게이츠는 레이크사이드 고등학교와 하버드 대학에서 폴 앨런과 스티브 발머라는 두 친구를 만났고, 이들과 함께 세계 최고의 소프트웨어 회사를 키웠다. 결국 이들 덕분에 컴퓨터에 대해 잘 모르던 빌 게이츠는 세계적인 '컴퓨터 황제'가 될 수 있었다.

빌 게이츠의 족적은 우리나라 부모들이 명문대를 고집하는 이유에 정당성을 부여하기도 한다. 자녀들이 명문대에 가기를 원하는 이유는 다름 아닌 최고의 엘리트들을 친구로 사귈 수 있는 기회가 열리기 때문이다. 명문학교만큼 고급 인재들이 많이 모이는 곳도 없다. 사회에 나오면 그때는 이미 이해관계를 쫓아 인간관계가 형성되기 때문에 진정한 친구를 만나기가 더욱 힘들어진다. 그렇지만 학창시절에는 이해관계가 아니라 자신들의 관심사에 따라 폭넓은 인간관계를 맺을 수 있다.

물론 이에 대한 반론도 있을 수 있다. 우리 사회에는 명문대학을 나오지 않고도 존경받는 기업가, 훌륭한 학자 들이 수없이 많다. 다만 상대적으로 명문대 출신들의 비율이 더 높다는 것이다.

'리세스 오블리제'를 실천하는 존경받는 부자로 키워야 한다

빌 게이츠를 흔히 가난한 집 출신에 자수성가한 사업가로 오해하는 이들도 있다. 그러나 빌 게이츠는 대은행가인 미국 서부 명문가에서 태어났다. 아버지 윌리엄 H. 게이츠 2세는 워싱턴 주립대학 법대를 나온 변호사로 시애틀에서 법률회사를 경영하고 있으며 주 변호인협회 회장을 지내기도 했다.

빌 게이츠의 할아버지는 은행가였고, 증조부는 시애틀 은행인 내셔널시티 은행의 설립자로 시애틀 시가 생겨날 때부터 시민들로부터 존경을 받았다. 뿐만 아니라 그의 어머니는 시애틀 은행가의 딸로 워싱턴 대학의 사무처장을 지냈다. 또한 자선사업가로 시애틀의 사교계에서 폭넓은 인간관계를 맺으며 자선단체의 회장을 역임하기도 했다.

한마디로 빌 게이츠는 시애틀 명문가의 아들로 태어나 지금은 세계 최고의 갑부가 된 것이다. 그래서 이름도 대물림하고 있다. 할아버지는 윌리엄 게이츠 시니어, 아버지는 윌리엄 게이츠 주니어, 그리고 빌 게이츠는 윌리엄 게이츠 3세가 원래 이름이다. 할아버지와 아버지, 아들이 모두 이름이 같다는 것은 가문에 대한 자긍심이 없으면 불가능한 일이다. 아들은 아버지의 정신을 존중할 수 있어야 그 이름에 흠이 가지 않도록 더 열심히 살 수 있다.

가문에 대한 자부심이 없다면 오히려 아버지와 할아버지가 물려준 이름이 부담스럽거나 마음에 들지 않을 수도 있다. 이름에 대한 자부심이 곧 가문에 대한 자부심이다. 선조들의 이름에서 느껴지는 숨결은 이처럼 시공을 뛰어넘어 후손에게 전해져 존경받는 부자로 살아가게 하는 보이지 않는 힘으로 작용한다.

빌 게이츠가 최근에 마이크로소프트 사의 경영보다 세계적인

'자선사업가'로 더욱 활발히 활동하고 있는 것은 이미 3대에 걸쳐 돈에 대한 모든 것을 소유했기 때문인지도 모른다. 증조할아버지는 은행을 설립할 정도로 막대한 재산을 소유했고 할아버지도 그랬다. 빌 게이츠의 아버지 역시 돈뿐만 아니라 변호사로서 사회적 명예도 얻었다. 그야말로 3대에 걸쳐 재물과 명예를 모두 얻은 셈이다. 빌 게이츠도 그 뒤를 이어 자신의 선조들이 못 다한 세계적인 자선사업가로서의 첫발을 내딛고 있다.

티베트 라마승의 이야기인 영화 〈삼사라〉를 보면 주인공이 스승에게 이런 말을 한다.

> "다섯 살 때부터 중이 된 나에게 또 무엇을 버리라고 하십니까?
> 뭘 가져보지도 못했는데 무엇을 버리라는 것입니까?"

이는 재물이든 결혼이든 가져보거나 경험해 본 후에야 그에 대한 미련을 접을 수 있다는 말이다. 빌 게이츠가 돈에 대해 미련을 두지 않는 것은 그의 가문이 더 이상 돈에 연연하지 않을 만큼 대대로 부자였기 때문에 가능한 일이다.

빌 게이츠는 록펠러, 포드, 카네기 등의 전설적인 부호들이 실천했던 가진 자들의 도덕적 의무인 '리세스 오블리제 Richesse Oblige'의 정신을 잇고 있는 대표적인 부자로 꼽힌다. '노블레스 오블리제 Noblesse oblige'가 지도층의 도덕적 의무와 책임을 다해야 존경받는 지도자가 될 수 있음을 강조한다면, 리세스 오블리제는 지도층 가운데 특히 부자들의 도덕적 의무와 책임을 강조한 개념이다. 두 개념 모두 부자나 지도층의 솔선수범을 말하며, 특권에는 반드시 책임이 따르고 고귀한 신분일수록 의무에 충실해야 함을 역설한다.

빌 게이츠는 미국 최고의 부자일 뿐만 아니라 부자의 의무를 실천하는 리세스 오블리제로서도 단연 1위로 손꼽힌다. 그는 컴퓨터 사용에 혁명적 기여를 했고, 이로 인해 막대한 재산을 모으기도 했지만 동시에 세계적인 자선재단을 설립해 다시 전세계에 환원하려고 한다. 게이츠의 돈 버는 법과 돈 쓰는 법을 보면, 그가 어떻게 부와 명예를 동시에 얻고 존경받는 부자가 되었는지를 여실히 알 수 있다.

빌 게이츠 부부의 이름을 딴 '빌&멜린다게이츠' 재단은 현재 세계 최대의 자선단체로, 게이츠 회장 부부는 재산의 절반이 넘는 288억 달러를 이 재단의 기금으로 내놓았다. 독서광인 빌 게이츠는 세계 각지의 도서관에 누구보다 많은 돈을 기부했으며, 전 지역의 도서관에서 인터넷을 사용할 수 있도록 하겠다며 공언한 바 있다.

빌 게이츠는 언젠가 자신의 두 아이(1994년 마이크로소프트 사의 직원인 멜린다 프렌치와 결혼해 1996년생인 딸과 1999년생인 아들을 두었다)에게는 1,000만 달러만 물려주고 나머지는 자선사업에 쓰겠다면서 이렇게 말했다.

"현명하게 돈을 쓰는 것은 돈을 버는 것만큼이나 어려운 일이다. 궁극적으로 나는 내 돈의 대부분을 내가 믿는 대의를 위해 사회에

> 환원할 것이다. 예를 들어 교육이나 인구 안정과 같은 목적을
> 위해서 말이다. 딱 한 가지 분명한 것이 있다.
> 자식들에게 많은 돈을 남겨주고 싶지 않다는 것이다. 왜냐하면
> 그들을 위해서 그다지 좋은 일이라고 여기지 않기 때문이다."

빌 게이츠의 이 말은 아이에게 큰돈을 물려주면 창의적인 아이로 자랄 수 없다고 말한 빌 게이츠의 아버지를 떠올리게 한다. 과연 그 아버지에 그 아들이다.

게이츠 가는 미국의 재계나 금융계, 교육계, 법조계 인사들과 절친한 관계를 맺고 있다. 빌 게이츠의 어머니인 멜린다 게이츠는 미국의 전통적인 재벌기업인 IBM 회장과도 오래전부터 개인적인 친분이 있었다. 빌 게이츠에 이어 세계 2위의 갑부인 워렌 버핏은 아직까지도 빌 게이츠와 가장 가까운 관계이다. 버핏을 빌 게이츠에게 소개해 준 사람은 다름 아닌 빌의 어머니였다. 어머니를 통해 친구가 된 이들은 스물다섯 살의 나이 차에도 불구하고 15년째 우정을 이어오고 있다.

워렌 버핏 역시 빌 게이츠만큼이나 이새에 밝은 사람이다. 이버지의 영향으로 그는 열한 살 때(1941년) 이미 주식에 투자했다. 부모에게 받은 돈이 아니라 자신이 직접 아르바이트로 번 100달러로 주식을 산 것이다. 그러던 중 사놓은 주식이 오르자 금세 팔아버렸는데, 얼마 후 그 주식이 다섯 배로 오르는 것을 보고 "투자에는 인내가 필요하다"는 교훈을 얻었다고 한다. 그때 깨달은 인내가 워렛 버

핏을 세계적인 투자자로 만든 것이다.

워렌 버핏은 열네 살 때부터 신문 배달 사업을 시작해 고등학교를 졸업할 때까지 6,000달러를 벌었고, 대학 졸업 후에는 1만 달러를 14만 달러로 만들면서 서른한 살에 백만장자가 되었다. 그의 현재 재산은 440억 달러(44조 원)에 이른다. 그러나 워렌 버핏은 2006년 여름, 빌 게이츠 재단에 그의 전 재산의 80%인 300억 달러를 기부해 세상을 깜짝 놀라게 했다.

게이츠 가문은 세계 최고의 갑부이지만 돈에 대한 철학만큼은 매우 명확하다. 빌 게이츠의 아버지는 상속세 폐지 반대운동을 주도한 인물로도 유명하다. 부시 대통령이 상속세 폐지를 주창하자 변호사인 빌 게이츠의 부친은 "현재 미국의 빈부 격차는 사상 최고 수준인데, 부자들이 계속 욕심을 부리면 미국 자본주의와 민주주의는 망한다"면서 이를 반대했다고 한다.

그는 아예 상속세 폐지를 반대하는 미국의 대표적인 갑부들이 모이는 '책임지는 부자' 모임의 대변인을 맡아 상속세 폐지 반대 전도사로 나섰다. 부자들의 열렬한 환영을 받을 것처럼 보였던 상속세 폐지안이 정작 빌 게이츠나 워렌 버핏 등 내로라하는 부자들의 반발에 부딪힌 것이다. 우리나라 부자들이 상속세를 안 내려고 온갖 편법을 일삼는 것과는 사뭇 대조적이다.

빌 게이츠가 살고 있는 '게이츠하우스'는 시애틀 워싱턴 호수 동쪽에 있는 초호화 첨단주택으로 도서관, 수영장, 극장 등을 갖추고 있으며, 시가 1억~1억 5,000만 달러를 호가한다. 그는 마이크로소프트 본사가 있는 곳과 멀지 않은 곳에 터를 잡고 직접 컴퓨터로 설계해 이 건물을 지었다. 빌 게이츠는 오늘도 이곳에서 책을 읽으며 어떻게 많은 돈을 벌 것인가를 생각하기보다 더 잘 쓸 것인가를 연구하고 있다.

명문가에게 배운다 · 3

단점을 보완해 주고
뜻이 통하는 친구를 사귀어라

두 명의 똑똑한 친구가 빌 게이츠를 '컴퓨터 황제'로 만들었다면, 은행가 가문의 철학이 '기부 황제'를 만들었다. 빌 게이츠는 부모뿐만 아니라 외할머니, 그리고 궁합이 잘 맞는 두 명의 친구를 만날 수 있었기에 오늘날의 그가 될 수 있었다.

 빌은 중·고등학교 때 컴퓨터에 푹 빠져 지내던 컴퓨터광 폴 앨런을 만나 컴퓨터를 처음 접하게 되었고, 후에 그와 함께 마이크로소프트 사를 창업했다. 또 하버드에서 만난 스티브 발머 덕분에 마이크로소프트 사를 세계 최고의 회사로 만들 수 있었다. 이들 모두가 명문학교에서 만난 친구들이다.

 미국의 검색 포털사이트인 '구글Google'의 경우도 마이크로소프트 사와 비슷하다. 구글도 대학에서 만난 똑똑한 친구들과 공동으로 설립한 회사이다. 1997년 미국 스탠퍼드 대학교 기숙사에서는 24세의 대학원생 래리 페이지와 세르게이 브린, 이 두 학생이 인터넷 검색 프로그램을 구상했다. 여기서 '구글'이 탄생했는데, 이 창업자 두 명의 재산은 각각 2조 원에 상당하는 18억 달러와 22억 달러이다. 빌 게이츠가 1973년에 하버드 대학에서 스티브 발머를 만나 컴퓨터 사업을 구상한 것처럼 래리와 세르게이도 친구끼리 의기투합해 세계적인 회사를 만들고 갑부의 자리에 오를 수 있었다.

명문학교는 상대적으로 똑똑한 친구를 많이 만날 수 있는 최상의 장소이다. 많은 학부모들이 자신의 자녀가 명문대에 들어가기를 바라는 것도 바로 그 때문이다. 실제로 좋은 학교에 입학하면 자신보다 더 똑똑한 친구를 만날 수 있고, 이들과 폭넓은 인맥 네트워크를 형성할 수 있다는 이점이 있다. 이것은 케네디의 조부가 아들을 하버드 대학에 보내려고 한 이유이기도 하다.

빌 게이츠의 어머니는 레이크사이드 학교의 어머니회를 주도하면서 컴퓨터를 기증하는 데 앞장섰다. 그것이 결국 빌의 인생뿐만 아니라 친구들의 인생을 바꾸어놓았고, 결국에는 세계를 변화시켰다.

빌 게이츠가 처음부터 컴퓨터 사업을 하려고 한 것은 아니다. 빌은 과학에 흥미를 느껴 과학자가 되고 싶었지만 아버지처럼 변호사가 되기 위해 법학과에 진학했다. 그런데 진학하고 보니 법학보다 수학에 더 재능이 있는 것을 알고 이번에는 수학자의 길을 택했다.

그러던 중 고등학교 친구였던 폴 앨런이 컴퓨터 소프트웨어 사업을 하자고 조르는 바람에 다시 심각하게 자신의 미래를 고민하기 시작했다. 결국 그는 친구의 제안을 받아들였다. 새로운 수학 이론이나 과학 이론을 창안하는 것보다 컴퓨터 분야가 훨씬 흥미롭고 매혹적이라는 결론을 내린 것이다.

또 어린 시절부터 게이츠는 부모로부터 법률, 정치, 자선활동 등에 대해 많은 이야기를 듣고 함께 대화와 토론을 하기도 했다. 그는 기부와 자선에 앞장선 부모를 보고 자랐다. 빌 게이츠의 어머니는 자선단체United Way International의 회장을 지내며 자선가로도 활동했는데, 이같은 성장 환경이 컴퓨터 황제를 '기부 황제'로 만든 것이다.

게이츠 부부의 사회 참여에 불을 붙인 사람은 다름 아닌 그들의 부모라고 한다. 게이츠의 아버지는 돈 버는 일에만 몰두해 있는 아들에게 "지금이 바로 자선활동을 시작해야 할 때"라며 독려했고, 그의 어머니는 1994년 아들의 결혼식 전날 며느리 멜린다에게 이런 편지를 썼다. "너희 두 사람이 이웃에 대해 특별한 책임감을 느낀다면 세상을 좀더 살기 좋게 바꿀 수 있을 것이다."

빌 게이츠의 왕성한 자선활동은 단지 돈이 많아서 하는 행위라기보다도 부모가 물려준 '위대한 유산'인 셈이다. 돈이 많다고 모든 부자들이 자선활동을 하는 것은 결코 아니기 때문이다.

빌 게이츠의 아버지는 언제나 "많은 재산을 물려주면 아이는 결코 창의적인 아이로 자라지 못하고 또 큰돈을 벌지 못한다"는 말을 되풀이하곤 했다. 빌 게이츠 역시 자신의 자녀들에게 재산을 물려주지 않고 부모가 가르쳐준 대로 미국뿐 아니라 전세계의 불우한 사람들을 위해 재산의 상당 부분을 기부했다. 또한 빌 게이츠는 죽기 전에 재산의 99퍼센트를 기부하겠다고 공언하기도 했다.

빌 게이츠의 친구이자 세계 2위의 갑부인 워렌 버핏도 자신의 가족은 그동안 사회로부터 특별한 대우를 받고 살아왔다면서 지금의 자신을 있게 해준 사회에 재산의 99퍼센트를 환원할 거라고 말했다. 2006년 여름, 버핏은 이미 재산의 85%를 기부했다.

　우리 역시 지금부터라도 아이들에게 모범을 보이면서 한 단계씩 전진한다면 우리의 아이들도 주위를 훈훈하게 하는 사업가로, 또 자선가로 세상을 밝힐 수 있을 것이다.

4 유대인 최고 명문가_ 로스차일드 가
다섯 형제의 화합을 이끈 '다섯 개의 화살'의 교훈

로스차일드 가의 자녀교육 10훈
자녀들이 서로 화합해 부자가 되기를 바라는 부모들에게

1. 형제간 화합과 가족 간 결속의 전통을 중시한다.
2. 돈을 쫓지 말고 먼저 좋은 인간관계를 만든다.
3. 돈에 대한 부정적인 생각을 갖지 않도록 가르친다.
4. 정보=돈, 어릴 때부터 정보의 중요성을 알게 한다.
5. 수집하는 취미를 대대로 물려준다.
6. 재물에 대한 지나친 욕심을 경계한다.
7. "아들이 아니면 사업에 관여하지 않는다"는 원칙을 지킨다.
8. 형제간의 화합을 강조한 '다섯 개 화살'의 교훈을 잊지 않는다.
9. 기부와 자선의 전통을 대대로 실천한다.
10. 유대인끼리는 서로 도움을 주고받으며 사업한다.

부모의 말 한마디가
세상을 바꾼다

대대로 부자가 되고 싶으면 로스차일드 가문에서 해답을 찾아라

　유대인이 세상에서 공식적으로 사회적 지위를 인정받게 된 것은 불과 50여 년밖에 되지 않는다. 이스라엘이 건국되기 전에는 수천 년 동안 나라도 없이 천대받는 민족에 불과했다. 그러니 무려 2,000년이 넘도록 조롱과 야유 속에서 살아온 것이다. 그들이 2,000년 동안 살아온 곳이 바로 '게토'라고 불리는 유대인 달동네다.

　대다수의 유대인들이 달동네에서 비참하게 살아갔지만 단 하나의 무기가 있으면 게토를 벗어날 수 있었다. 그것은 다름 아닌 '돈'이었다. 그래서 유대인들은 돈을 '찬양'한다. 그 돈을 가장 탁월하게 관리해 유대인들의 전설이 된 가문이 바로 로스차일드 가다. 1750년부터 시작해 지금까지 8대, 250여 년에 걸쳐 세계 최대의 금융제국을 이어오고 있는데, 아마도 로스차일드 가문만큼 오랫동안 막대한 재산을 유지해 온 부자는 흔치 않을 것이다.

로스차일드 가문을 일으킨 마이어 암셀 로스차일드(1744~1812)는 독일 프랑크푸르트에서 고리대금업을 시작으로 은행을 만들고 유럽 5개국에 지점을 세웠다. 특히 다섯 아들을 지점장으로 보내 번성하기 시작했고 나폴레옹 전쟁과 제1, 2차 세계대전을 거치면서 어마어마한 부를 축적했다.

로스차일드 가는 현재에도 영국과 프랑스를 중심으로 석유, 다이아몬드, 금, 홍차, 와인, 백화점, 영화, 의학, 국제금융 등 전 분야에 걸쳐 다국적 조직을 갖고 있다. 런던에 뿌리를 둔 'NM로스차일드앤선즈'는 유럽은 물론 아프리카, 홍콩, 베이징, 도쿄 등을 포함해 전세계 30여 개국에 사무소가 있고, 임직원만도 2,000여 명에 달한다. 파리의 RCB 은행도 전세계 로스차일드 은행의 거점 은행 역할을 하고 있으며, 스위스에 있는 RCH 은행은 부자들을 대상으로 하는 개인금융 서비스로 유명하다. 사채업으로 시작했던 전통을 지금까지도 유지하며 발전시켜 오고 있는 것이다.

또한 로스차일드 가는 1875년 수에즈 운하 건설에도 큰돈을 빌려주었고, 이스라엘 건국에도 막대한 영향력을 행사했다. 지금도 세계 금융시장과 산업계를 지배하면서, 1750년부터 시작된 로스차일드 가문의 황금기를 250년이나 이어오고 있다. 8대째 이어지는 로스차일드 가문의 직계 자손은 현재 200여 명에 달한다.

로스차일드 가의 재산이 명확하게 파악되지 않는 것은 어마어마한 규모 때문만은 아니다. 사업 역시 비밀에 싸여 있는 것이 많아서이다. 『포브스』지는 2002년에 RCB 최고경영자인 에두아르드 로스차일드 가의 재산만 15억 달러에 달한다고 보도했다. 일각에서는 직계 가문이 200여 명에 달하므로 대략 3,000억 달러에서 5,000억 달러에 이르는 막대한 부를 축적해 전세계 경제를 좌지우지하고 있다고 분석하기도 한다. 빌 게이츠의 재산이 500억 달러인데, 이보다 몇 배는 된다는 것이다.

세계 금융을 쥐락펴락하고 있는 로스차일드 가문은 약 200년 전 아버지가 아들들에게 들려준 '다섯 개의 화살'의 교훈에서 시작되었다. 그 교훈이 후손들의 가슴에서 가슴으로 전해지면서 금융제국을 만들었다고 해도 과언이 아니다.

1812년 9월 19일, 프랑크푸르트에서 사채업으로 부자가 된 유대인 마이어 로스차일드는 죽음을 앞두고 있었다. 그에게는 다섯 명의 아들이 있었는데 막상 죽음이 다가오자 마이어는 걱정이 태산이었다. 가난한 유대인이었던 마이어는 일생 동안 부지런히 일해 엄청난 재산을 모은 터였다.

죽음을 목전에 둔 그가 가장 염려하는 것은 재산을 놓고 다섯 형제가 나두서나 분열하는 일이었다. 다섯 형제기 단결해 재산을 대대로 지키는 것이 마이어의 마지막 바람이었던 것이다. 유대인으로 고난의 세월을 살아온 그였기에 한스럽게 모은 재산을 아들들이 소중히 지켜내기를 소원한 것은 당연했다.

250년 동안 가문의 원칙이 된 '다섯 개의 화살'의 교훈

자녀교육은 때로 백 마디 말보다 부모가 먼저 몸소 실천하는 것이 더 나은 경우가 있다. 그리고 어떤 상징을 통해 교육할 때 훨씬 큰 효과를 거둘 수 있다.

마이어 로스차일드는 다섯 아들을 앞에 두고 유언 대신 평소 즐겨 들려주었던 '다섯 개의 화살' 이야기를 마지막으로 한 번 더 들려주었다. 그 일화는 기원전 6세기 무렵 카스피 해 동부 일대에서 강대한 국가를 건설했던 유목 민족 스키타이의 왕이 임종 직전 다섯 왕자에게 말했던 것이다. 스키타이의 왕은 자기가 죽고 난 후에 다섯 형제가 권력 투쟁을 벌여 나라가 혼란에 빠질 것을 우려했다.

로스차일드 역시 유대인으로 온갖 설움을 겪으면서 모은 재산을 아들들이 서로 차지하려다 구름처럼 뿔뿔이 흩어져버리지나 않을

까 걱정했다. 로스차일드는 아들들이 자신처럼 비참하게 살지 않고 세상에서 당당하게 대접받으며 살기를 원했다. 그것도 가능하면 대대로 그 재산을 물려주면서 자신이 겪었던 설움은 자신의 대에서 끝나기를 기원했다.

임종을 맞은 스키타이의 왕은 죽기 직전에 다섯 아들을 불러모아 한 묶음의 화살 다발을 내밀며 한 사람씩 그것을 꺾어보라고 말했다. 아무도 그것을 꺾지 못하자 왕은 화살 다발을 풀어 하나씩 주고 꺾어보게 했다. 이번에는 누구나 쉽게 부러뜨렸다. 왕은 이렇게 말했다.

> "너희들이 결속해 있는 한 스키타이의 힘은 강력할 것이다. 그러나 흩어지면 스키타이의 번영은 끝나고 만다. 형제간에 화합하라."

이것은 로스차일드 집안이 이후 200년 동안 세계의 금융황제가 되게 한 가장 중요한 가르침이다. 아버지는 스키타이 왕자들의 이야기를 빗대어 다섯 형제가 우애 있게 결속하면 대대로 가문이 번성할 테지만, 돈에 눈이 멀어 서로 차지하려고 다투면 돈도 가문도 구름처럼 사라지게 되리라는 사실을 암시한 것이다.

아버지의 말 한마디는 결국 가난한 달동네 출신의 유대인 가족을 세계 역사상 가장 부유한 가족 중의 하나로 만들었다. 로스차일드는 돈의 중요성을 강조하며 마지막으로 다음과 같은 말을 남겼다.

"돈이야말로 유대인을 구원하는 단 하나의 무기라는 것을 늘 명심하여라. 만일 아버지로서의 내 바람에 거역하여 아들들이 사업 경영을…… 평온하게 계속하지 못하는 사태가 발생한다면, 나는 내 아들이라 할지라도 결코 용서할 수 없다. 이에 불복하는 자식은 유언장에 씌여진 권리를 박탈당할 것이다. 서로 사랑과 우애를 가지고 살아가며, 유언의 의도에 충실히 따라줄 것을 간절히 바란다."

아버지는 숨이 넘어가는 와중에도 더듬거리며 마지막 유언을 잊지 않았다. 아버지의 유언대로 다섯 아들은 다섯 개의 화살이 되어 프랑크푸르트, 런던, 파리, 빈, 나폴리에서 막대한 부를 쌓았다. 다섯 개의 화살이 되었지만 다섯 개는 하나의 네트워크로 뭉쳐 마침내 로스차일드라는 한 묶음의 화살이 된 것이다. 이들은 독일을 벗어나 5개국에서 은행업에 종사했지만 국경을 초월한 세계적인 금융 네트워크를 구축할 수 있었다.

로스차일드 가문은 특히 형제간의 화합을 통해 유대인 최고의 명문가를 유지해 오고 있다. 아버지의 유언에 따라 형제간의 궁합을 최우선으로 유지하려고 노력했기 때문이다. '돈이 피보다 진하다'는 우스갯소리도 있지만, 피가 돈보다 진한 게 확실하다는 사실을 로스차일드 가문은 몸소 실천해 보이고 있다.

부자와의 좋은 신뢰 관계가 큰돈을 벌게 한다

오늘날 거대한 금융제국을 일군 마이어 암셸 로스차일드는 처음에는 초라한 고리대금업자에 불과했다. 다섯 형제의 아버지인 그는 독일 프랑크푸르트의 유대인 집단거주지(게토)에서 가난한 사채업자의 아들로 태어났다.

당시 독일 사회에서 유대인은 경멸의 대상이었지만 수천 년에 걸쳐 지독한 박해를 받으며 살아온 터라 유대인들끼리는 긴밀한 관계를 맺으면서 지냈다. 외부의 박해를 받으면 받을수록 그들의 협력은 더욱 긴밀해졌고, 그것이 유대인들의 생존 방식이 되었다. 그들은 유대교회당을 중심으로 끈끈한 유대민족의 일체감을 유지하면서 서로 돕고 살았던 것이다. 당시 유대인에게는 성도 없었다. 성이 없다는 것은 그만큼 사회적 지위가 미미했음을 의미한다. 그러니 공직으로 나가기는 더욱 어려웠다.

로스차일드 가문은 1500년부터 그 달동네에서 살았다. 200여 년의 세월 동안 로스차일드 가는 착실하게 재산을 늘려 나갔는데, 먼저 다섯 형제의 할아버지인 모제스 로스차일드의 이야기로 거슬러 올라가보자. 모제스 로스차일드는, 유대인 중 은행가로 성공해 달동네를 탈출한 오펜하임이라는 사람을 삶의 본보기로 삼았다. 오펜하임은 부유한 귀족에게 발탁되어 은행가로 성공한 인물이다. 부유한 귀족들에게는 유능한 재무관리자가 필요했는데, 대부분 이재에 밝은 유대인이 적임자로 고용되었다. 그렇지만 잘못 관리를 하면 죽음을 면치 못했다. 오펜하임도 나중에 귀족의 노여움을 사 죽임을 당했는데, 당시에 유대인은 부유한 귀족이 죽일 수도 살릴 수도 있는 하찮은 존재에 지나지 않았다.

오펜하임의 눈부신 성공은 달동네의 화젯거리였고 모제스에게도 꿈과 희망을 주었다. 모제스는 오펜하임을 자신의 성공 모델로 삼았다. 1750년경 모제스는 아버지로부터 환전상을 물려받고 비단 등을 팔면서 사업을 차츰 발전시켜 은행으로 확장해 나갔다. 그리고 오펜하임에게 접근해 그의 은행 업무 중 일부를 위임받으면서 동업할 수 있는 기회를 얻어냈다. 모제스는 결혼을 해 1744년에 장남인 마이어 암셀를 낳았고 재산도 나날이 늘어갔다.

모제스는 아들 교육에 열성적이어서 아들을 집에서 200킬로미터나 떨어진 유대인 학교에 진학시켰다. 아들 마이어는 무엇이든 수집하는 데 굉장한 열정을 보였다. 그의 수집광은 나중에 자신의 사업 확장에 큰 도움을 주었을 뿐만 아니라, 대대로 이어지는 로스차일드 가문의 취미가 되었다.

마이어가 열한 살 때 프랑크푸르트에 천연두가 번졌고 이로 인해 아버지가 세상을 떠났다. 그리고 얼마 안 있어 어머니마저 잃었다. 졸지에 소년가장이 된 마이어는 학업을 포기하고 여섯 명의 동생들을 책임져야 했다. 마이어는 은행가로 성공한 오펜하임의 은행에 견습생으로 들어가 부유층들과 거래할 방법을 모색했다. 어린 마이어는 "부자들과 좋은 관계를 맺어 신용을 얻게 된다면 사업이 번창할 수 있다"고 판단했다. 세계적으로 성공한 사람들의 어린 시절을 보면 대개 주위에서 똘똘하다는 소리를 들을 정도로 스스로 사업 감각을 배우고 익힌다. 빌 게이츠도 고등학생 시절에 아르바이트를 하고 회사에 취직해 돈을 벌지 않았던가!

당시에 귀족들 사이에서는 수집이 유행처럼 번졌는데, 돈 많은 귀족과 부호 들은 자신의 명성을 과시하기 위해 예술품과 골동품을 사들였다. 수집광이었던 마이어는 무엇이 돈이 될지 알아내는 감각이 남들보다 탁월했다. 그는 골동품과 옛날 화폐에 눈을 돌리게 되는데, 언젠가 아버지로부터 배운 적이 있어 옛날 화폐의 식별 방법을 이미 알고 있던 터였다. 소년 마이어는 옛날 화폐 수집이 취미인 부유한 빌헬름 공작을 만나게 되면서 일생일대의 기회를 잡게 된다. 빌헬름은 군대를 양성해 영국 등에 용병으로 빌려주는 장사로 큰돈을 벌어들인 인물이었다. 수많은 왕족들이 빚에 허덕일 때도 빌헬름은 유럽에서 손꼽히는 부자로 명성이 자자했다.

마이어는 당장의 돈벌이보다 부유한 귀족과 친밀한 관계를 맺는 일이 더 중요하다고 생각했다. 그들과 좋은 관계를 맺을 수만 있다면 돈은 저절로 벌어들이는 것이나 다름없었다. 요즘 "부자가 되려면 부자에게 점심을 사라"는 말처럼 그는 부자들과 친밀한 관계를 맺으려고 무던히도 노력했다. 부자나 귀족들과 친밀한 관계를 맺어 놓으면 그들의 은행 업무를 맡을 수 있고, 또 필요한 물품을 지속적으로 거래할 수 있기 때문이다.

그는 가업으로 물려받은 환전상을 운영하면서 동전과 메달, 조각상, 다이아몬드가 박힌 그림 등 진귀한 물품들로 광고 전단지를 만들어 부자들에게 일일이 우편으로 보냈다. 그때 소년은 "빠른 정보가 부를 낳는다"는 생각을 마음 깊이 새겨놓았다.

정보의 중요성은 훗날 그의 다섯 아들이 세계적인 은행가로 발돋움하는 데 결정적인 역할을 하게 된다. 당시 로스차일드 가는 영국과 프랑스를 가로막는 도버 해협에 쾌속선을 여러 척 대기시켜놓았는데, 이것으로 1급 비밀 정보를 운송했고 누구보다 먼저 그 정보를 분석해 돈을 벌어들였다.

요즘에도 정보의 중요성은 아무리 강조해도 지나치지 않는다. 정보가 곧 돈이기 때문이다. 주식시장에서 한발 앞선 정보를 이용하면 한순간에 엄청난 돈을 모을 수 있지만, 역으로 정보에 어두우면 하루아침에 빈털터리가 될 수도 있다.

마이어는 이처럼 귀족들과 긴밀한 관계를 맺은 결과, 마침내 이들과의 물품 거래를 전담하는 궁정 상인이 되었다. 귀족들과의 신뢰 관계가 밑천이 되어 결국 돈을 벌 수 있는 기회를 잡은 것이다.

250년 전 로스차일드 가는 이미 '정보가 돈'이라는 사실을 깨달았다. 또한 이들의 정보 분석력은 실로 탁월했다. 로스차일드 가는 유럽 전역에 흩어진 다섯 아들들이 국경을 넘나들며 독자적인 정보망을 구축해 빠르게 정보를 수집했으며, 환전상답게 빌려준 돈을 떼이지 않도록 권력과 정보를 총동원하였다. 금융업에서 정보의 중요성은 아무리 강조해도 지나치지 않는다. 예컨대 전쟁이 일어나면 거액을 빌려준 사람에게 돈을 다시 돌려받을 수 없기 때문이다. 따라서 전운이 감돌면 모든 정보력을 총동원해 실제로 전쟁이 일어날지 치밀하게 분석해야 한다.

　유대인들에게 '정보＝돈'이라는 인식은 오래전부터 불문율과도 같았다. 그래서 로스차일드 가는 워털루 전투 때 나폴레옹이 패하고 영국군이 승리하리라는 분석을 영국 정부보다 먼저 내놓을 수 있었던 것이다. 그리고 그 분석을 바탕으로 런던 주식시장에 투자해 엄청난 수익을 올렸다.

가난한 환전상에서 세계적인 명문가로 도약하다

　마이어는 결혼을 해서 아들 다섯과 딸 열한 명 등 모두 열여섯 명의 자녀를 두었으나 이들 중 5남 5녀만 살아남았다. 마이어는 성공한 뒤에도 유대인들의 집단거주지를 떠나지 않았다. 그는 집 대문에 '빨간 방패Rothschild'라는 간판을 내걸었는데, 그 무렵 성도 제대로 없던 유대인 상인에게 '로스실트'(영어로는 로스차일드)라는 가문의 이름을 부여해 준 셈이었다. 참고로 로스차일드Rothschild는 '붉은 색rot'과 '방패schild'의 합성어이다.

로스차일드 가가 가난한 환전상에서 세계적인 금융 그룹을 만들 수 있었던 것은 자녀들에게 실무 중심의 경제교육을 시켰기 때문이다. 아이들은 어린 시절부터 아버지 밑에서 보고 듣고 배우면서 경제 관념을 익혔다. 유대인들은 돈에 관한 한 매우 현실적이다. 수천 년 동안 고난의 역사를 살며 사회적, 정치적 활동에 참여하지 못했던 유대인들에게 돈은 마지막 구원과도 같았다.

점차 은행업으로 번성하게 되자 마이어는 다섯 아들에게 도움을 요청했다. 어릴 때부터 아버지의 심부름은 물론 점원을 대신해 장부 정리까지 도맡았던 아들들이었다. 그래서 마이어가 48세였던 1792년에는 이미 세 아들이 아버지 사업에 깊이 관여하고 있었다. 고리대금업의 복잡한 사업 구조까지 모르는 게 거의 없을 정도였다.

금융 일가를 꿈꾸는 마이어는 날마다 자식들에게 성공을 위한 훈련을 엄격하게 시켰다. 특히 마이어는 자신이 완벽하게 믿을 수 있는 사람인 아들들만 사업에 관여토록 했다. 환전의 속성상 돈은 아무에게나 맡길 수 있는 게 아니었기 때문이다. 이때부터 아들만 사업을 할 수 있다는 로스차일드 가문의 대원칙이 세워졌고, 지금까지도 그 전통이 이어져 내려오고 있다. 그러니까 아내와 딸, 사위는 결코 사업에 관여할 수 없다는 말이다.

로스차일드 가가 금융황제 집안으로 오랫동안 군림할 수 있었던 첫번째 원동력은 가족 간의 결속력이다. 지금도 로스차일드 가문의 문장은 질끈 묶여 있는 '다섯 개의 화살'이다. 여기서 다섯 개의 화살은 로스차일드의 다섯 아들을 의미한다. 아버지 마이어 로스차일드는 자신의 사업과 재산을 물려받을 아들들에게 로스차일드라는 이름의 자부심을 심어주고, 형제간의 사랑이 약해질 때 그들 사이에 공통되는 이익을 추구하게 함으로써 결속을 강화시켰다.

장남은 아버지의 뒤를 이어 프랑크푸르트를 지키고, 차남은 비엔나, 셋째 아들은 런던, 넷째 아들은 나폴리, 막내아들은 파리에 각각 둥지를 틀었다. 이 가운데 현재 런던과 파리의 로스차일드 후예들이 가장 왕성한 활동을 하고 있다. 다섯 형제들은 위기 때마다 부친의 유언을 가슴속에 되새기면서 힘을 똘똘 뭉쳐 세계 경제를 움직이는 금융황제가 되었다.

로스차일드 가문은 250년 동안 처칠, 드골 등 유럽 지도자들을 후원해 왔고, 현재도 정치나 경제계에 막강한 영향력을 행사하고 있다. 이들이 세계적인 비밀 조직인 프리메이슨을 주도하고 있다는 설도 있다. 또 이스라엘 건국 때도 큰 역할을 담당했으며, 예루살렘에 웅장한 대법원 건물을 지어 이스라엘에 헌납하기도 했다.

어린 시절 경제교육이 평생을 좌우한다

기업의 최고경영자나 창업자들은 공통적으로 어릴 때의 경제교육이 그 사람의 평생을 결정한다고 강조한다. "어린 시절에 부유한 가정에서 자라더라도 경제교육을 어떻게 받았느냐에 따라 미래가 달라진다"는 말이다. 미국에서는 어린이 조기 경제교육 프로그램이 후원자들의 기부금에 의해 운영되고 있는데, 이것이 아이들에게 경제 마인드를 심어주는 데 큰 역할을 하고 있다. 우리나라에도 몇 해 전부터 미국식 어린이 경제교육 프로그램이 도입되는 등 학부모들의 관심이 커지고 있다.

일부에서는 조기 경제교육이 어린이들에게 황금만능주의를 심어준다고 비판하지만 사실 경제교육이 제대로 이루어지지 않으면 평생을 비참하게 살아갈 수도 있다. 다만 어릴 때 경제교육을 시킬 경우에는 반드시 돈을 왜 버는지, 무엇에 쓸 것인지 등을 생각하도록 유도해야 한다. 그래야만 돈의 노예가 되는 것을 막을 수 있기 때문이다.

전세계 보험설계사 판매왕들만 가입할 수 있는 '백만 달러 원탁회의'의 스티븐 로스차일드 회장은 자신의 세일즈 비결에 대해 "세일즈의 모든 것은 어린 시절 경제교육센터에서 다 배웠다"고 회고했다. 그는 어릴 때부터 무언가를 팔지 않고 살아온 적이 없다고 증언한다. 열세 살 때 미국의 비영리 경제교육기관인 주니어 어치브먼트에서 얼음 가는 기계를 팔아본 것이 생애 최초의 세일즈였는데, 어릴 때의 세일즈 경험이 보험왕으로 성공한 밑거름이 되었다는 것이다.

조기 경제교육의 원조는 바로 유대인들이다. 그들은 어릴 때부터 돈과 재물에 대해 가르친다. 우리나라에서는 조기 영어교육이 유행하지만, 유대인은 『탈무드』를 통한 조기 경제교육을 수천 년 동안 지속해 오고 있다. 그래서 유대계에서는 돈이 더럽다는 사고방식을 어디에서도 찾아볼 수 없다. 『탈무드』는 금전을 소중히 여기고, 정직하게 일하면 누구나 천국에 오를 수 있다고 가르친다. 또 돈이란 열심히 노력하는 자에게 내리는 신의 축복이라고 여긴다. "사람은 죽어도 돈은 죽지 않는다"는 말도 『탈무드』에서 비롯된 것이다. 어릴 적부터 돈의 긍정적인 면과 존경받는 부자에 대해 철저하게 교육받은 유대인들이, 부자가 되고 미국 등 전세계의 금융계를 주름잡는 것은 어찌 보면 당연한 일일지도 모른다.

유대인들의 독특한 자녀교육 방법 중 하나는, 유대인끼리는 반드시 서로 돕고 거래를 해야 한다는 것이다. 로스차일드 가문이 처음 재산을 모을 수 있었던 것도 유대인의 도움을 받았기 때문이다. 이러한 협력의 관행이야말로 유대인뿐만 아니라 모든 사람들이 세상을 살아가는 데 꼭 필요한 실용적인 지식임에 틀림없다.

돈을 중시하는 유대인답게 로스차일드 가문은 그때그때 시대 변화에 맞는 사업을 펼치는 것으로도 유명하다. 돈이 될 만한 분야에 집중 투자를 하는 것인데, 최근 들어 핵심 사업 분야를 전통적인 은행업에서 투자은행 쪽으로 방향을 바꾼 것도 그런 이유에서다. 요즘 우리나라에서 유행하는 '펀드'가 바로 투자은행이 하는 주된 업무이다. 이제는 은행도 돈을 빌려주고 이자를 받는 전통적인 은행 업무만으로는 수익을 기대할 수 없다. 이율이 너무 낮기 때문이다. 하지만 펀드 상품은 주식 투자를 통해 단기간에 높은 수익을 올릴 수 있다.

로스차일드 가문이 거부가 된 데는 "돈이 있어야 생존할 수 있다"는 유대인들의 현실 인식이 바탕이 되었다. 유대인들에게는 돈만이 어려운 현실을 벗어나는 유일한 무기였기 때문이다. 그리고 로스차일드 가는 "천을 사서 두 개로 쪼개 팔아 이윤을 남기고, 거기서 번 돈으로 더 큰 천을 사 더 많이 쪼개 팔라"는 유대인 특유의 상술을 그 누구보다 잘 실천해 냈다.

이와 함께 로스차일드 가문의 성공 요인으로는 가족 간의 화합을 들 수 있다. 로스차일드 가문이 무엇보다 강조한 형제간의 결속, 즉 '다섯 개의 화살'의 교훈은 지금도 가문의 재산보다 더 소중하게 전해 내려오고 있다.

로스차일드 가에 대한 전기를 쓴 데릭 윌슨은 이에 대해 "아마 결속이라는 말보다 공동체라는 말이 더 어울릴 것"이라고 말한다. 로스차일드 가의 사람들은 공동체를 위해 자신을 내세우지 않는다. 데릭 윌슨은 로스차일드 사무실에서 목격했던 중년의 아버지와 아들의 일화를 이 책에 소개하고 있다.

"애야, 블랭크가 이번 주에 오는데, 나는 다른 데 볼일이 있어서 가보아야 한다. 화요일에 저녁을 대접하고 네 어머니와 함께 오페라에 데려가주지 않겠니? 뭐라고? 그럼, 그걸 취소해라. 그래, 난 네가 있어주기를 바란다. 이건 무척 중요한 일이다.

그에게 전화해서 네가 그를 기다린다고 얘기해도 되겠지?

그래, 훌륭하다. 그럼, 잘 있거라."

제대로 된 가문이라면 세대 간에 이 정도의 위계질서는 지켜져야 하지 않을까? 그렇지만 이 정도의 모습이 나오려면 웬만큼 교육해서는 어려울 것이다. 그야말로 남부러울 게 없는 완벽한 궁합의 가정이 아닐 수 없다. 이처럼 로스차일드 가문은 대대로 내려온 형제간의 좋은 궁합이 돈을 벌게 한 원동력으로 작용했다.

돈 버는 재주만으로는 부자가 될 수 없다

돈 버는 재주와 가족 간의 결속만으로는 큰 부자가 될 수 없다. 한두 세대는 유지될 수 있어도 8대까지 내려오는 데는 또 다른 비결이 있어야 가능할 것이다. 바로 사회를 위한 기부와 자선이 동반되어야 한다. 어려운 이웃을 돌보지 않고 탄압으로 부를 축적한 가문들은 혁명이나 전쟁을 치르면서 그들의 대저택이 불에 타거나 심지어 처참한 최후를 맞기도 했다.

로스차일드 가도 이러한 사실을 잘 알고 있었다. 실제로 이 가문은 영국, 프랑스, 스위스 등지에서 의료 시설과 공공주택, 고아원 등 소외 계층을 위한 자선사업을 꾸준히 해오고 있다. 프랑스의 로스차일드 가는 특히 자선에 열성적이었다. 불우이웃들을 위해 의료 부문에도 관심을 갖고 관련 기금에 많은 돈을 기부했다. 또한 공공주택 개발 사업에도 적잖은 역할을 했다. 그들은 1900년대 초부터 노동자들이 주로 사는 지역에 최신 시설을 갖춘 아파트를 지어주었다. 그러나 로스차일드 가문의 자선 활동은 그들이 가진 재산에 비해 크게 부각되지는 않았다. "왼손이 하는 일을 오른손이 모르게 하라"는 가문의 원칙에 따른 것이다.

로스차일드 가는 문화예술에 대한 후원도 메디치 가 못지않은 것으로 알려져 있다. 특히 파리에서 사업을 시작한 다섯 형제의 막내인 제임스와 그의 후손들은 파리의 문화예술인에 대한 후원자로도 명성이 자자하다. 쇼팽과 발자크도 로스차일드 가문과 인연이 깊다. 이들이 작품 활동을 계속할 수 있도록 지원을 아끼지 않았는데, 쇼팽은 제임스의 4남 1녀 가운데 장녀인 샬롯에게 피아노를 가르쳤고, 이 소녀를 위해 2편의 곡을 헌정하기도 했다. 쇼팽이 파리에서 연주와 작곡 활동을 할 수 있었던 것도 로스차일드 가의 후원 덕분이었다. 발자크도 감사하는 마음으로 두 편의 소설을 써서 이들 부부에게 바쳤다고 한다.

로스차일드 가문은 메디치 가를 능가하는 예술품 수집가 집안으로도 유명하다. 이는 모두 로스차일드 가의 초석을 쌓은 마이어 로스차일드의 수집력에서 비롯된다. 유럽 전역에 퍼져 있는 190여 개의 로스차일드 저택(대부분 시에 기증)은 고풍스러운 건물과 가문의 자랑인 화려한 정원 덕분에 전세계 관광객들의 필수 코스로 각광받고 있다.

로스차일드 가가 성공한 진짜 비밀로는 '믿어지지 않을 정도의

근면함'을 꼽는다. 자녀들은 학교에서 우등상을 받기 위해 필사적으로 공부했는데, 로스차일드 가의 자손이 다른 아이들보다 뒤처진다는 말은 가문의 수치로 여겨졌기 때문이다.

로스차일드는 유대인 사회에서, 국제 은행계에서, 수집가들 사이에서, 포도 농장에서 그 이름만으로도 마법의 주문으로 통한다. 오랜 세월 동안 그만큼 견고한 성을 쌓아놓았기 때문이다. 로스차일드라는 이름의 상표가 붙는 것만으로도 와인 한 병의 값이 몇 프랑이나 올라갈 정도이다.

언젠가 우리나라에도 온 적이 있는 음악가 샬롯 드 로스차일드는 런던 로스차일드 가의 직계 후손이다. 그녀는 어느 인터뷰에서 "딸은 사업에 발을 들여놓을 수 없다"는 가문의 철칙에 따라 일찌감치 음악을 선택했다고 말했다.

세습 군주를 예외로 하면, 7세대나 세계에 막대한 영향력을 끼친 왕국은 거의 찾아볼 수 없다. 그러나 로스차일드 가는 늘 유능한 인재를 배출해 가문의 영광을 이어가고 있다. 그 비결은 다름 아닌 자녀교육에 있다. 이러한 원칙이 퇴색되지 않는 한 로스차일드 가의 살아 있는 신화는 계속될 것이다.

명문가에게 배운다 · 4

돈보다 인간관계가
더 소중한 것임을 알게 하라

로스차일드 가문이 유대인으로서 세계적인 가문이 될 수 있었던 것은 돈에 대한 유대인 특유의 집념 때문이기도 하지만, 그보다 돈을 벌 수 있는 '기본기'를 충실히 다진 데 있다. 그들은 돈보다도 돈이 거래되는 '관계'를 더 중요시했다. 당장 눈앞의 이익을 쫓는 것이 아니라 신뢰를 바탕으로 부자들과의 관계를 돈독히 해놓으면 돈은 자연스럽게 벌게 된다는 것을 알고 있었기 때문이다.

『탈무드』에는 "돈을 보고 쫓아가면 돈은 더욱 멀리 도망간다"는 말이 나오는데, 로스차일드 가는 이를 꿰뚫고 있었던 셈이다. 그래서 그들은 돈을 쫓아가지 않고 돈이 있는 사람들과의 관계를 더 중요하게 여겼다.

이처럼 로스차일드 가 교육의 핵심은 인간관계에서 가장 중요한 신뢰를 쌓아가는 방법에 있다. 로스차일드의 자녀들은, '물건은 팔고 나면 그뿐'이라는 생각을 하지 않았다. 아이들은 아버지의 가게에서 자연스럽게 상인의 기본 원칙을 배웠다. "손님이 소중히 대우받는 것처럼 느끼게 하라"는 경영 시침도 그대로 따랐다. 특히 금융업에서 신뢰는 필수 항목이다. 서로 간의 믿음이 형성되어야만 돈을 빌려주기 마련인데, 부자나 귀족들과 신뢰 관계를 구축해 놓으면 자연스럽게 거래를 할 수 있고, 또 위기 상황을 판단하는 고급 정보도 얻을 수 있게 된다.

로스차일드 가가 신용만큼 중시한 것이 정보의 힘이다. 현대사회는 정보사회라고 할 정도로 정보의 중요성은 새삼 강조할 필요도 없다. 남보다 한발 앞선 정보의 힘은 실로 어마어마하다. 로스차일드 가는 이런 정보의 중요성을 무려 250년 전에 체득하고, 이를 적용해 막대한 돈을 벌어들일 수 있었다.

우리나라 명문가들도 이름 있는 가문으로 도약하기 전에는 먼저 이웃들에게 베풀 수 있을 만큼의 재산을 축적했다. 그리고 나서 부자가 된 뒤에는 자녀교육에 집중했다. 가문에서 훌륭한 인재를 양성해 높은 벼슬을 지내면 명문가의 반열에 오를 수 있기 때문이다. 실제로 조선시대 대부분의 명문가들은 이러한 3단계의 과정을 거쳤다. 그리고 그 후손들이 다시 자녀교육에 힘써 명문가의 명맥을 이어온 것이다.

명문가의 자녀교육 중에는 이재理財에 관한 교육도 빠지지 않았다. 경제를 알지 못하면 사회의 리더가 될 수 없고, 또 재물에 눈이 어두워 불의와 타협할 수 있기 때문이다. 우리나라 명문가들도 돈보다는 주변과의 관계를 더 중시하였다. 돈만 추구하는 경제교육은 자칫 자녀를 망치고 나아가 가문 자체를 위협하기도 한다.

이런 사례를 어느 신문에서 읽은 적이 있다.

> "아이에게 어릴 때부터 원하는 대로 모두 사주었다.
> 대학에 들어갈 때는 승용차를 사주었고 해외 유학도 보내주었다.
> 결혼할 때는 아파트를 마련해 주었다.
> 결혼 후에도 매년 해외 여행을 보내주었다.
> 그런데 '100세 시대'에 노후 대비가 불안해진 부모가 자녀를 불러
> '노후를 대비해야 하니 더 이상 너희에게 돈을 줄 수 없다'고
> 통보하자 아들 부부는 부모를 원망하며 문을 박차고 나갔다."

부모들은 앞으로 우리 사회에서 어떤 사람이 대접받을 수 있는지를 생각하고 아이들을 가르쳐야 한다. 그래서 회사든 가정이든 리더의 역할이 중요하다. 최고경영자가 회사를 잘못 이끌면 부도가 나고 직원들은 생계를 잃게 되는 것처럼, 가정의 리더인 부모가 자녀를 어떻게 교육하느냐에 따라 아이들의 미래가 달라질 수 있다. 요즘은 가치관이 바뀌어 돈이 최고인 세상이다. 하지만 여전히 부자에 대한 인식이 긍정적이지만은 않다. 따라서 내 자녀가 부자가 되기를 원한다면 돈만 아는 부자보다는 '존경받는 부자'가 되는 방법을 가르쳐야 한다.

로스차일드 가가 보잘것없는 사채업자에서 세계적인 은행과 증권, 보험 등 금융업의 황제에 오를 수 있었던 것은 자녀들에 대한 철

저한 경제교육 때문이다. 앞에서 말한 경제교육의 핵심은 크게 세 가지로 요약해 볼 수 있다. 돈에 대한 강한 애착도 크게 작용했지만 그보다 돈과 가문을 유지하기 위해 필요한 형제간의 화합, 사람들과의 신뢰 관계, 정보의 힘이 주효했다.

한편 로스차일드 가는 돈에 대한 애착이 강했음에도 그것이 지나치는 것은 경계했다. 현재 유럽 전역에 분포해 있는 로스차일드 대저택은 200여 채에 달하지만 자신들의 소유는 몇 채 안 되는 것으로 알려져 있다. 대부분은 기부하여 관광지로 개방되었다. 프랑스의 고급 와인회사를 운영하는 에드몽 아돌프 남작이 젊은 시절 제네바 시에 있는 대저택을 호텔로 만들면 좋겠다고 말하자, 그의 아버지는 곧바로 그 저택을 제네바 시에 기부해 버렸다. 돈에 대한 지나친 욕심을 경계한 것이다.

5 천하제일의 가문_ 공자 가
'첩의 아들'을 성인으로 만든 '헝그리 정신'

공자 가의 자녀교육 10훈
가난한 삶을 위로받고 자녀교육에 용기를 얻고 싶은 부모들에게

1_ 가난하다고 결코 환경을 탓하지 않는다.
2_ 어려운 상황에서도 어머니가 열성적으로 자녀교육에 나선다.
3_ 큰 인물일수록 혼자 공부하고 깨우쳤음을 명심한다.
4_ 실패했다고 좌절하지 말고 늘 청년처럼 도전정신으로 무장한다.
5_ 긴 여행을 통해 세상 속에서 자신을 시험하고 단련한다.
6_ 누구든지 똑똑한 사람이면 스승으로 삼는다.
7_ 자신과 뜻을 같이하는 사람을 키운다.
8_ 아이는 직접 가르치지 않고 공부를 잘하고 있는지만 점검한다.
9_ 인간적인 약점이 때로는 더 큰 인물을 만들 수 있다.
10_ 질문을 많이 하는 공부 습관을 갖게 한다.

때로는 가난과 열등의식이
　　　　　큰 인물을 만든다

누구든 가난을 이겨내고 성공 스토리의 주인공이 될 수 있다

"그는 자기 출신에 대해 콤플렉스가 많았다…….
그의 아버지는 64세 때 16세의 젊은 여자를 첩으로 들였는데,
그녀가 바로 그의 어머니였다. 그는 세 살 때 부친을 잃었고,
큰어머니와 이복형제들로부터 배척을 받았다.
이런 복잡한 가정환경이 어린아이에게 얼마나 많은 고민과 괴로움을
가져다주었을지는 충분히 상상할 수 있을 것이다.
결국 그의 어머니는 어린아이를 데리고 집을 떠나 모자끼리 의지하며
살았다. 어머니마저 열일곱 살 때 죽자 그는 외톨이가 되었다……."

이 이야기의 주인공이 누구일까 궁금할 것이다. 삼류소설 속의 한 장면처럼 볼품없는 주인공의 인생역정 정도로 생각할 수도 있겠

다. 가난하고 비천한 출신으로 태어나 인생의 우여곡절을 다 겪고 세상 풍파에 묻혀 이름 없이 사라져가는 주인공 말이다. 이런 정도의 가정환경이라면 대부분 출신 때문에 좌절하거나 세상을 비관하고 되는 대로 살아가기 십상이다.

그런데 놀랍게도 이 글의 주인공은 공자다. 공자의 후손인 공건이 『CEO 공자』에 공자의 어린 시절을 묘사한 대목인데, 공자는 실제로 매우 불우한 환경에서 성장했고 열등감도 심했다. 그렇지만 모든 역경을 이겨내고 마침내 큰 인물이 되었으며, 그것이 가난했던 공자가 세상 사람들을 놀라게 하는 진짜 이유라고 공건은 말한다. 공자는 젊어서 과부가 된 어머니와 함께 살면서 사회적 차별과 어려움을 이겨내고 결국 성인의 경지에까지 올랐다.

오늘날 가정의 상황은 더욱 심각하다. 이혼과 불의의 사고로 인해 '위기의 가정'이 늘어가고 있는 추세다. 그러나 현재 어려운 환경에 처한 모자 가정이나 가난 속에서 자녀를 양육하고 있는 부모라도 결코 좌절하거나 실망할 필요는 없다. 공자의 사상은 알지 못하더라도 온갖 어려움을 이겨낸 공자에게 인생에서 성공하는 비법을 배울 수 있기 때

문이다. 현재의 삶이 가난하고 어려워 위로받고 싶다면, 그래서 용기를 얻어 자녀를 훌륭한 인재로 키우기를 바란다면 공자의 삶 속에서 해답을 구해볼 수 있지 않을까?

공자는 무려 2,500년 전의 인물이다. 그는 첩의 아들로 태어나 가족들에게 버림받고 온갖 마음고생을 하면서 힘든 어린 시절을 보냈다. 그렇지만 위대한 사람들의 성공담에 흔히 등장하는 것처럼 그는 좌절하거나 세상을 비관하지 않았다. 어려움이 닥칠 때마다 다시 일어서는 오뚝이처럼 난관을 이겨냈다. 사실 그의 칠십 평생에서 성공한 적은 별로 없었다. 대부분 좌절과 실패의 연속이었다. 그러나 공자는 역사상 가장 위대한 삶을 살았던 인물로 평가받는다. 그리고 무려 80대손에 해당하는 그의 직계 후손이 아직 그의 정신을 이어가고 있다.

80대라면 한 세대를 30년이라고 잡아도 2,400년의 세월이다. 그 장구한 세월 동안 공자 가는 훌륭한 인재를 배출하며 가문의 명맥을 이어온 것이다.

사실 필자는 이 글을 쓰기 전까지 이런 가문이 존재하리라고는 상상도 하지 못했다. 어떻게 그것이 가능하며, 만에 하나 가능하다고 해도 제대로 이어져왔는지 의문이 들었다. 세계적인 명문가도 500년을 넘기기 힘든데, 공자의 피가 흐르는 후손이 아직도 살고 있다니 믿기지 않는 일이었다.

2006년 2월, 대만 언론은 공자의 80대 종손이 타이베이에서 태어났다고 보도했다. 77대 직계 종손인 공덕성孔德成의 증손자인데 공덕성은 증손자의 이름을 짓기 위해 한 달 보름간을 고심한 끝에 우인(佑仁)이란 이름을 지었다고 했다.

공덕성은 고향인 곡부(曲阜)에서 살다 1949년에 혁명이 일어나자 대만으로 이주해 현재 타이베이에서 살고 있다. 1955년부터 대만국립대학 교수를 지냈고, 현재는 대만 총통부 고문으로 있다. 그는 우리나라에서 여러 차례 서예전시회를 열기도 했다. 공덕성은 1949년에 곡부를 떠난 이후 아직 한 번도 고향땅을 밟아보지 못했다고 한다. 그의 누나인 공덕무(孔德懋)는 중국 공산당 중앙상무위원을 지냈고, 지금은 공자기금회 부회장직을 맡고 있다.

이외에도 공자족보연구센터의 공덕명 부주임을 비롯해 곡부시 공상연합 공덕반 주석 등이 있다. 공상림(孔祥林, 필명 공건) 공자문화원장은 저술가로 중국과 일본을 오가며 활발하게 활동하고 있는데, 그는 어려서부터 공씨 가문의 아주 엄격한 전통교육을 받으면서 자랐다고 말한다. 1985년에는 일본으로 유학을 떠나 조지(上智) 대학에서 신문방송학 박사과정을 마쳤다.

특히 그는 공자학 연구가로 수많은 공자 관련 책을 펴내며 현대사회에 맞게 공자의 사상을 전파하는 데 앞장서고 있다. 그는 『CEO 공자』와 『세상을 사는 공자의 지혜』 등의 저서에서 공자의 사상을 오늘날의 기업 경영과 비즈니스에 접목해 쉽게 풀이해 놓았다.

곡부에서 세 번 놀라다

2006년 3월 중국 산동성 곡부를 방문했을 때 필자는 세 번이나 깜짝 놀란 경험이 있다. 우선 공자의 후손들이 다스리던 곡부 관청의 규모에 놀랐다. 공자와 그 후손이 살았던 '공부孔府'는 황제가 살았다던 자금성에 버금갈 정도로 어마어마한 규모였기 때문이다. 황제들이 공자에 제를 올렸던 대성전은 용의 형상을 본뜬 10개의 황금 기둥과 황금 기와를 덮은 지붕으로 이루어져 있다. 황금 기와는 황제의 거처를 상징하는데 민간인 가옥에 황금 기와를 사용한 곳은 곡부뿐이다. 때로는 황제가 서운하게 생각할까봐 황금 기둥을 천으로 가리기도 했다고 한다.

중국의 역대 왕조는 2,500년 동안 공자의 후손들을 극진히 대우했다. 그 후손들의 후원자가 되어 먹고사는 데 지장이 없도록 했고, 또 연성공衍聖公으로 봉해 곡부를 다스리게 했다. 매년 황제가 직접 발걸음을 하여 공자에게 제를 올렸으며, 공자의 후손들은 황제가 나서서 보호했을 뿐 아니라 언제든지 황제를 만날 수 있는 특권이 주어졌다.

곡부는 중국 속의 작은 왕국으로 황제도 부러워하는 가문이었다. 중국 청나라 건륭황제는 딸의 성을 바꾸면서까지 공자 가문에 시집을 보냈다고 한다. 청나라를 세운 만주족이 한족과의 혼인을 금했기 때문이다. 그럼에도 공자 가문이 탐났던 건륭황제는 공주를 한족 집안의 양녀로 보내 성을 우씨로 바꾼 후에 공자 가문과 혼인을 맺었다. 공자 가문이 중국 황실로부터 얼마나 많은 존경을 받았는지를 여실히 알 수 있는 대목이다.

하지만 정작 더 놀라운 것은 자금성에 필적할 만한 곡부의 모습이 아니라 어려운 가정환경에서 태어나 모든 역경을 이겨낸 공자의 삶이었다. 공자는 상상할 수 없는 열악한 환경을 이겨내고 역사상 가장 위대한 인간의 경지에 올랐다.

흔히 공자는 명문가에서 태어나 좋은 환경에서 공부했을 거라 생각하기 쉽다. 공자의 평전을 쓴 임어당도 공자를 세련된 귀족으로 이해했으니까 그럴 만도 하다. 그러나 공자는 가난하고 어려운 가정환경 탓에 가정교사를 두고 공부할 수 있는 처지가 아니었다. 그럼에도 공자는 이미 이십대가 되기 전에 학문의 이치를 모두 깨우쳤다. 가정 형편이 좋은 귀족의 자제들이 훌륭한 스승을 두고 해도 어려운 공부를, 공자는 혼자 힘으로 배우고 깨우친 것이다.

또 놀라운 것은 젊은이들 못지않은 공자의 열정과 도전정신이다. 공자는 35세 때 망명길에 올랐고, 55세 때는 관직을 버리고 13년 동안이나 여행을 다녔다. 이는 혈기 왕성한 청년의 열정이 아니고서는 불가능한 선택이리라. 교통이 자유로운 요즘에도 1년씩 해외 여행을 하는 것은 쉬운 일이 아니기 때문이다.

공자의 삶을 보면 아무리 어려운 환경이라도 학업에 힘쓰고 자신을 갈고 닦으면 훌륭한 사람이 될 수 있다는 교훈을 깨닫게 한다. 그래서 공자는 "사람은 모두 비슷한 성품을 지니고 태어나지만 공부하는 습관에 따라 인생이 달라진다"고 말하지 않았던가!

어린 시절을 힘들게 보낸 공자는 누구보다도 '헝그리 정신'이 강했다. 그는 가난 때문에 늘 배움에 굶주렸다. 그래서 만일 공부하다 궁금한 것이 생기면 누구에게나 질문을 했다. 『논어』에서 "자신보다 못난 사람에게 질문하는 것을 결코 부끄럽게 여기지 말라不恥下問"는 말은 바로 공자 자신의 생활 태도에서 비롯된 것이다.

곡부에서 눈길을 끄는 것은 후손들이 거처하는 입구에 있는 커다란 벽화이다. 거울 대신에 세워진 이 벽화는 곡부의 통치자이자 공자의 직계 후손이 아침마다 집무를 보러 나가기 전 벽화에 새겨진 교훈을 음미하기 위한 것이라고 한다. 탐욕을 상징하는 동물이 태양마저 삼키려 하는 이 그림을 보면서 인간의 끝없는 욕망을 경계했던 것이다.

55세의 나이에 13년을 여행한 도전정신

공자는 요즘 기준으로 봐도 보통 사람과는 크게 달랐다. 공자는 그의 나이 쉰다섯에 삭풍이 휘몰아치는 겨울을 택해 오랜 여행길에 올랐다.

언젠가 TV에서 한 가족이 1년 동안 해외 여행을 나선 것이 특집으로 방영된 적이 있었다. 요즘 같은 세상에도 1년 동안이나 여행을 하려면 웬만한 용기와 의지 없이는 불가능하기 때문에 기사로 다뤄진 것이다. 집을 떠나면 말 그대로 고생인데, 그 옛날 55세의 할아버지는 십여 명의 제자들을 데리고 기나긴 여행을 떠났다. 그냥 고향에서 제자를 가르치면서 안정된 노후를 보낼 수 있었음에도 공자는 혼란한 세상에서 자신의 정치적 이상을 실천하기 위해 제자들과 함께 중국 전역을 누빈 것이다. 그래서 당시 사람들로부터도 "공자님은 맨날 여행만 다니느냐"는 비아냥을 듣기도 했다. 공자는 요즘에도 보기 드문 '여행마니아'였다.

요즘 취업난으로 직장을 구하지 못한 청년들도 공자의 천하주유의 정신을 음미하면 얼마든지 새로운 인생을 개척해 나갈 수 있지 않을까? 또 이른 나이에 명예퇴직을 당하고 세상을 비관하는 사람들 역시 공자의 도전정신을 조금이라도 본받아야 하지 않을까? 공자처럼 수년을 여행한다면 무엇이든 할 수 있는 용기와 자신감을 얻을 수 있을 것이다.

공자가 이러한 도전정신을 지닐 수 있었던 것은 어릴 때 부모님을 잃고 혼자의 힘으로 학문에 정진하며 온갖 어려움을 이겨낸 데서 비롯된다. 공자는 여행중 전쟁터에서 초나라 병사들에 잡혀 곤경에 처하기도 했고 7일 동안 꼬박 굶기도 했다. 이처럼 일이 제대로 풀리지 않고 꼬이기만 하자 공자는 절망했다. 게다가 제자들이 자신을 원망하자 "뗏목이라도 타고 도리가 통하지 않는 이 나라를 떠나고 싶다"며 한탄했다.

여행중에는 때로 돌발적인 상황이나 자신의 인내를 시험할 기회에 직면하게 된다. 하지만 이런 경험은 나중에 세상을 살아가는 데 큰 힘이 되어준다. 세계적인 경매 사이트인 이베이의 마가렛 휘트먼은 끈기와 승부 근성으로 유명한 여성 CEO이다. 휘트먼은 여섯 살 때 알래스카 여행 도중 차 안에서 떠들다가 어머니의 명령으로 차에서 내려 고속도로를 지쳐 쓰러질 때까지 걸은 적이 있다고 한다. 하지만 그녀는 그때의 경험에서 얻은 도전정신으로 사업을 확장했다고 말한다.

현대 사회에서 55세는 대부분 회사를 다니다 정년퇴직을 하는 나이다. 물론 요즘에는 평균 수명이 늘어나 55세에도 제2의 인생을 시작하기도 하지만 2,500년 전 쉰다섯 살의 공자는 젊은이들도 하기 힘든 13년 동안이나 여행을 했다. 오늘날에도 공자의 이러한 도전정신으로 살아간다면 무엇이든 해내지 못할 게 없을 것이다.

첩의 자식으로 혹독한 어린 시절을 보내다

하급군인이었던 공자의 아버지는 몰락한 귀족 가문 출신으로 딸만 아홉을 두었다. 두 번째 부인에게서 아들을 얻었지만 다리가 불편한 장애아였다. 그는 예순네 살의 나이에 대를 이을 욕심으로 불과 열여섯 살이었던 세 번째 부인을 맞았다. 오늘날은 더했겠지만 당시에도 공자 부친에 대한 비난은 거셌다. 공자의 아버지는 마침내 애타게 바라던 아들을 얻었지만, 친척들의 반대로 부인과 아들을 집으로 데려올 수조차 없었다고 한다.

이처럼 공자는 태어나면서부터 축복받지 못했다. 더욱이 공자가 세 살 때 아버지가 세상을 떠나는 바람에 그는 홀로된 어머니와 함께 살아가야 했다. 공자는 '첩의 자식'이나 '애비 없는 자식'이란 소리를 숱하게 들으면서 자랐다. 이때 비뚤어지기 쉬운 공자의 마음을 굳게 다잡아준 사람은 바로 어머니였다. 어머니 안씨는 재혼도 하지 않고 공자를 키우는 데만 마음을 쏟았다.

　어머니의 위대함은 자식을 위한 아낌없는 헌신에 있다. 공자가 가난 속에서도 공부를 할 수 있었던 것은 모두 어머니 덕분이었다. 어머니는 공자가 네 살이 되던 해부터 매일 집에서 제를 올리게 했다. 귀족에게 필요한 예법을 배우게 하기 위함이었다. 당시에는 예법을 갖추지 못하면 귀족이 될 수 없었다. 공자의 어머니는 가난 속에서도 자식을 뒷바라지하면서 아들이 가문을 다시 일으킬 수 있도록 정성을 다한 것이다.

　귀족 가문들은 가정교사를 두고 가르쳤지만 가난한 공자는 가정교사에게 배울 엄두를 내지 못했다. 다행히 공자는 암기력이 뛰어났다. 그는 스승이 없었기에 지식을 가진 사람들에게 질문을 하면서 스스로 해답을 구했다. 그리고 한 번 듣고 배운 것은 절대로 잊지 않았다.

　그런데 공자가 열일곱 살이 되던 해 어머니마저 죽고 말았다. 어린 나이에 과부가 되어 공자를 키우기 위해 힘든 삶을 살다 삼십대 초반에 세상을 떠난 것이다. 어머니의 상을 치른 공자는 노나라의 재상이 귀족들을 초청해 잔치를 연다는 소식을 듣고 상복을 입은 채 그곳을 찾아갔다. 그러나 몰락한 가문 출신에다 첩의 아들이었던 공자는 그만 문전박대를 당하고 만다. 이 일을 계기로 공자는 공부에 더욱 정진해 가문을 일으키고 중앙정치 무대에 나아가야겠다고 다짐하게 된다. 수모를 당한 것이 공자에게는 스스로를 단련하는 채찍질이 되었던 셈이다.

공자는 어느 것 하나 소홀히 여기지 않고 배움의 기회로 삼았다. 그는 예법을 익히기 위해 제사를 드리는 장소까지 찾아가 이것저것을 묻기도 했다. 그야말로 피나는 노력을 통해 예법과 학문에 정통하게 된 것이다.

이러한 그의 명성은 궁궐에까지 전해졌다. 공자는 열아홉 살에 결혼했는데 1년 뒤에 아들을 낳았다. 노나라의 군주도 득남을 축하한다며 사람을 시켜 잉어 한 마리를 보내왔다. 그는 그 은혜에 감격해 아들의 이름을 리(鯉, 잉어라는 뜻)라고 지었다.

공자는 아들이 태어나자 가족을 부양하기 위해 일을 해야 했다. 그러나 몰락 귀족 출신인 공자에게 높은 관직은 주어지지 않았다. 스무 살과 스물한 살 때 공자는 두 차례 낮은 벼슬자리를 얻을 수 있었다. 처음 맡은 일은 가축 관리였다. 당시에 나라에서 지내는 제사는 매우 중요한 행사였고, 제사에는 반드시 살찐 소나 양이 필요했다. 공자는 그 가축을 관리하는 일을 맡은 것이다. 다음에는 창고의 물품을 관리하는 창고지기가 되었다. 공자는 훗날 "나는 어린 시절 가난하고 비천하여 먹고살기 위해 이런저런 일을 많이 했다"고 회고했다.

그의 학문이 높아지자 주위에서 앞 다투어 자녀들을 맡기기 시작했다. 요즘의 과외선생과 별반 다르지 않다. 공자는 학생들이 늘어나자 아예 학원을 운영하기 시작했다. 생활고에 시달린 공자는 요즘 일부 직장인들처럼 투잡스족이었던 셈이다.

공자학교에는 갈수록 학생들이 몰려들었다. 그가 서른이 되었을 때는 꼭 배우고 싶다는 희망자들로 문전성시를 이뤘는데, 공자가 배출한 제자만도 3,000여 명에 이른다.

공자는 이미 30세에 성인으로 칭송받을 정도로 학문이 출중했지만 그의 앞길은 여전히 어두웠다. 그는 51세가 되어서야 중앙정치에 발을 들여놓을 수 있었는데, 건설부장관에 이어 법무부장관의 자리에 올랐다. 그러나 나라가 위기에 빠져 있는데도 재물과 미인에 눈이 어두워 사리분별 못 하는 군주와 관리들을 보면서 그는 회의를 느낀 나머지 관직을 내던지고 다시 기나긴 여행길에 오른다.

공자는 13년을 여행하면서 정치와 벼슬에 대한 집착에서 벗어날 수 있었다. 권력 놀음과 향락에 빠진 군주에 실망한 그는 정치를 통해 자신의 이상을 실현하겠다는 꿈을 접었다. 반면 공자는 사람을 가르치는 일에는 큰 즐거움을 느꼈다.

공자는 만년에 "나는 정치할 그릇이 아니다"라고 말했다. 정치가는 권모술수에도 능해야 하는데, 공자는 정치적 이상을 실천하려고 했지만 그런 '재주'는 없었던 모양이다. 공자는 13년간의 오랜 여행을 통해 결국 자신의 분수를 깨달은 것이다.

공부는 질문을 잘하는 것에서 시작한다

공자는 첩의 아들이었기에 신분으로 차별받지 않는 이상주의적인 정치를 더욱 실현하고 싶었을지도 모른다. 정치가로서의 야망은 끝내 이루지 못했지만, 그는 교육가로서 평등 교육을 실천해 차별 없는 이상사회를 추구했다.

공자학교의 가장 큰 특징은 바로 모든 계층의 학생들을 제자로 받아들였다는 점이다. 이는 공자 자신이 겪었던 '첩의 아들'이라는 설움에서 비롯된 것인지도 모른다. 첩의 자식으로 태어나 제대로 공부를 하지 못했기에 다른 비천한 아이들에게는 공평한 기회를 주고 싶었던 것은 아닐까?

공자는 신분의 높고 낮음을 떠나 누구에게나 배울 수 있는 기회를 주었지만 엄격한 학칙을 두어, 제대로 공부하지 않으면 가차없이 퇴학시켰다. 프랑스나 독일의 대학처럼 누구나 입학하기는 쉽지만 공부하지 않으면 졸업할 수 없는 시스템으로 운영했던 것이다. 이 얼마나 시대를 앞선 교육인가!

더군다나 공자학교에서는 질문하지 않으면 배겨낼 수 없었다. 공자는 직접 제자들에게 설명하여 가르치기보다 스스로 공부해 모르는 것을 질문하는 방식으로 교육했다고 한다. 질문 위주로 수업을 할 경우 학생들은 먼저 스스로 공부하지 않으면 안 된다. 『논어』를 보면 제자들이 질문하고 공자가 답변하는 대목이 나온다. 질문 위주의 교육이야말로 요즘 시대에 가장 요구되는 공부 방법이 아닐까 싶다.

공자학교는 신분으로 차별하지 않는 열린 학교였지만, 공부하지 않으면 졸업할 수 없는 엄격한 교육 제도를 유지했다. 또 질문 위주의 수업 방식을 택해 학생들의 창의력과 상상력을 자극했다.

　공자는 자녀교육에 대해서도 분명하게 선을 그었다. 그는 아들을 직접 가르치지 않았다고 한다. 오히려 자녀들을 다른 선생에게 배우게 했으며, 아이가 공부하는 자세를 바르게 유지하고 있는지 살펴보는 선에서 그쳤다. 아버지가 자녀를 직접 지도하면 서로 감정이 상하고, 그렇게 되면 서로를 신뢰하고 존중하는 관계가 이루어지지 못하기 때문이다. 우리나라에서 아버지나 어머니가 자녀를 직접 가르치기보다 할아버지나 할머니를 통한 '격대교육'을 한 것도 이런 이유에서다. 그래서 공자는 "군자는 아들을 직접 가르치는 법이 아니다"고 하면서 아들을 다른 선생에게 배우도록 했다.

"군자가 자기의 자녀를 직접 가르치지 않는 이유는
교육의 자세가 무너지기 때문이다. 교육자는 반드시 바른 길로
가르치나, 바른 길로 가르쳐도 실천하지 않으면 성내어 꾸짖게 되고,
성내어 꾸짖고 때리면 도리어 감정을 상하게 된다.
만일 극단적으로 사제 관계가 악화되어 '아버지가 나를
바른 길로 가르치지만 아버지도 바른 길로 나아가지는 못한다'고
원망하게 되면, 부자의 친밀한 관계를 해치게 된다.
아버지와 아들이 서로 멀어지는 것은 죄악이다."

공자는 직접 가르치지 않고 가끔 질문을 하면서 아들이 공부를 게을리 하지는 않는지 실력을 점검하는 정도로만 관여했다. 그리고 모자라는 부분이 있으면 그것에 대해 간단하게 조언하는 정도였다.

공자의 자녀교육 방식은 요즘에 적용해도 무리가 없을 것이다. 자녀에게 직접 가르치기보다 읽어야 할 책들을 소개해 주고 제대로 독서하는지를 점검하고 조언하는 것이 바람직하다. 또 학원이나 과외를 하더라도 이이의 의견을 존중하면서 해야지 부모의 의견을 강요할 경우 되레 역효과를 낼 수도 있다.

인연을 소중하게 여기면 좋은 일은 절로 생긴다

빌 게이츠는 친구들과의 궁합이 각별하기로 유명했다. 만약 빌 게이츠가 고등학교 때 폴 앨런을 만나지 못했고, 또 하버드 대학에

서 스티브 발머를 만나지 못했다면, 과연 지금의 마이크로소프트 왕국이 존재했을까? 빌 게이츠는 이들을 만나 비로소 컴퓨터 세계에서 무한한 꿈과 희망을 발견하고 열정을 불태울 수 있었다.

빌 게이츠에게 두 명의 똑똑한 친구가 있었다면, 공자에게는 72명의 수제자가 있었다. 그런 점에서 공자는 제자와 궁합이 좋은 스승이었던 것 같다. 그 가운데 부유한 상인이었던 자공은 가난한 공자를 평생 후원하면서 각별한 사제 관계를 유지했다.

자공 덕분에 공자는 13년 가까이 여행을 다닐 수 있었다. 어느 날 공자가 농부에게 나루터가 어디에 있느냐고 묻자 "만날 여행을 다니는 공자님이 더 잘 아실 텐데 왜 묻느냐"고 되물었다. 공자는 여행을 통해 세상 이치를 깨우쳤다고 할 만큼 지독한 여행광이었다.

공자와 자공에게서 배울 수 있는 것은 인연의 소중함이다. 만약 공자가 자공을 한낱 돈만 많은 상인 정도로 여기고 무시했다면 사제 관계가 제대로 이루어지지 못했을 것이다. 신분의 차별을 두지 않고 제자를 받아들인 공자는 상인인 자공을 가까이에 두고 아꼈다. 공자가 자공을 만나지 못했다면 공자의 삶도 많이 달라졌을지 모른다. 그래서 모든 인연을 소중히 해야 하는 것이다.

공자에게 학식이 뛰어난 72명의 수제자가 없었으면 공자의 사상이 지금까지 세상을 밝힐 수 있었을까? 공자의 수많은 제자들의 입을 통해 그의 사상이 중국 전역으로 퍼져 나갈 수 있었고, 결국 그의 제자들이 사상의 전도사 역할을 해주었다.

공자는 부자인 자공이 제자가 되면서 많은 도움을 받았음에도 학업에 있어서만은 엄격했다. 자공은 때로 스승에게 엄청난 구박을 당했지만 그를 변함없이 충심으로 섬겼다. 그 구박의 정도는 『논어』에 나온 다음 대목을 보면 미루어 짐작할 수 있다.

> 자공: 남이 나에게 하지 말았으면 하는 일은 저 역시 남에게 하지 않는 인간이 되고 싶습니다.
> 공자: 넌 아직 그런 사람이 되려면 멀었다.

자공의 얼굴이 벌겋게 달아올랐을 법한 장면이다. 당대 내로라 하는 부자였던 자공이 굳이 공자에게 머리를 조아리지 않아도 됐을 텐데, 자공은 자신을 낮추고 스승의 말씀에 귀를 기울였다. 요즘으로 보면 재벌회장이 대학에서 공부하는 것에 비유할 수 있겠다. 수업 시간에 교수가 재벌회장에게 "회장님은 아직 그만한 그릇이 안 됩니다"라고 하거나 "회장님이 그런 사람이 되려면 아직 멀었습니다"라고 서슴없이 말할 수 있을까? 이것이 가르침에 엄격했던 공자의 참된 모습일 것이다. 그리고 공자의 그런 면이 2,500년의 시공을 뛰어넘어 모든 이들의 귀감이 되고 있다.

명문가에게 배운다 · 5

질문을 많이 하는 공부 습관을 갖게 하라

우리나라는 대부분 학교에서 교사가 열심히 강의하는 방식으로 수업을 진행한다. 학생은 질문 없이 받아적는 데 익숙하다. 그래서 외국 유학을 떠난 학생들이 처음에는 질문하고 생각하는 수업 분위기에 적응하지 못해 애를 먹는다고 한다. 질문을 해도 대답을 못 하고 또 질문조차 하지 않으니 꿀먹은 벙어리처럼 앉아 있을 수밖에 없다. 질문 없이 수동적으로 받아적는 공부 방법으로는 결코 사고력과 창의력을 기를 수 없다.

공자는 2,500년 전에 이미 질문 위주의 수업을 진행했다. 직접 설명을 하기보다 학생들이 스스로 생각하고 질문을 하면 답변해 주는 방식이었다.

일방적으로 주입식 공부는 별로 효과가 없다. 되도록 아이에게 질문을 유도하고 답변을 하는 쌍방향 교육을 해야 창의적인 사람으로 키울 수 있다. 가정에서 자녀교육을 할 때도 가능하면 질문하고 답변하는 토론식 수업을 해야 하는 이유도 바로 그 때문이다.

공자는 아들을 직접 가르치지 않았다. 한번은 제자들이 공자의 아들에게 "공자 선생님은 무엇을 가르치느냐?"고 물었다. 그러자 아들은 아버지가 가르쳐주는 게 없다고 대답했다. 공자의 아들은 아버지가 다른 제자들은 잘 가르치면서 정작 자신에게는 별다른 가르침을 주지 않아 섭섭할 정도였다고 한다. 공자가 아들을 직접 가르치지 않은 것은 가르치다보면 화를 낼 수도 있어 부자간에 감정이 상할까를 우려해서다.

그렇지만 공자는 자녀의 공부가 어느 정도 진척되고 있는지에 관해서는 늘 관심을 보였다. 오늘 무엇을 공부했는지 묻고 그에 맞는 질문을 해서 답변을 들으며 아들의 수준이 어느 정도인지를 점검했던 것이다.

공자가 질문을 많이 하는 공부 습관을 갖게 된 것은 자신의 가정환경에서 비롯한다. 가난으로 인해 스승을 모시고 공부할 수 없었던 공자는 질문을 통해 궁금증을 해결했다. 공자는 제자를 가르칠 때에도 질문 위주로 수업을 진행했다. 물론 제자들은 질문을 하기 위해 책을 미리 읽지 않으면 안 되었다. 또한 질문을 주고받는 과정에서 나른 사람의 주장을 수용할 수 있는 자세도 배울 수 있었다.

인류의 역사에서도 질문을 통해 위대한 업적을 이룬 인물들을 찾아볼 수 있다. 모든 발명이나 발견 혹은 이론들은 질문에서 비롯된 결과물이다. 발명왕 에디슨은 엉뚱한 질문으로 선생님을 난처하게 한 후 학교에서 쫓겨났다. 에디슨은 전구를 발명하기 위해 1200번의 실패를 한 후에 성공할 수 있었다고 한다. 그런데 중요한 것은

1200번의 실패 속에서 1200번의 질문과 생각을 거듭했다는 점이다. 여기서 질문을 통해 의문점을 해결하는 것이 얼마나 중요한지를 새삼 깨달을 수 있다.

요즘에는 말을 잘하는 사람이 성공한다는 말로 '말짱'이라는 신조어가 생겼다. 말하는 능력이 그만큼 중요하다는 것이다. 세계적인 기업들도 조리 있는 말솜씨로 다른 사람들을 잘 설득하는 사람을 최고의 인재로 꼽는다. 미국의 경제잡지 『포춘』이 세계 500대 기업 CEO를 대상으로 'CEO의 자질'에 대해 조사한 결과, 원만한 인간관계(인간성)와 커뮤니케이션 능력(설득력)이 1, 2위로 꼽혔다.

커뮤니케이션 능력은 어려서부터 질문을 많이 하는 공부 습관을 통해 형성된다. 질문을 통해 자신이 알고자 하는 것을 정확하게 얻을 수 있고, 바람직한 해결책을 재빨리 찾아낼 수 있기 때문이다. 커뮤니케이션 능력은 단순히 말을 번지르르하게 잘하는 것과 구별된다. 말을 잘하는 것과 다른 사람을 잘 설득하는 것은 전혀 다른 차원의 문제다. 말을 잘하더라도 다른 사람을 설득할 수 없다면 그것은 자기 주장이 강한 사람이라는 인상을 심어줄 수 있다. 달리 말하면 설득력이 좋은 사람이야말로 원만한 인간관계를 지닌 사람이라고 할 수 있을 것이다.

혼자 공부하면서 깨우침을 얻는 공부 방법은 공자뿐만 아니라 역사상 수많은 위인들에게서도 찾을 수 있다. 우리나라 최고의 학자로 꼽히는 퇴계 이황의 경우도 스승을 두고 교육을 받은 적이 없었다. 퇴계는 생후 일곱 달 만에 아버지가 병으로 세상을 떠나자 어린 시절을 절에 들어가 혼자서 공부했다. 뒤에 살펴볼 톨스토이의 경우도 어려서 부모를 모두 여의었지만, 철저하게 계획을 세워가며 독학을 해 결국 위대한 사상가이자 작가로 명성을 떨쳤다.

위대한 인물들의 어린 시절을 살펴보면 결코 좋은 가정환경과 최고의 교육환경을 갖춰야 큰 인물로 성장하는 것이 아님을 알 수 있다. 빌 게이츠의 아버지가 강조했듯이, 오히려 부잣집 아이들이 부모의 재력을 믿고 도전정신과 창의력을 잃어버릴 수도 있음을 더 경계해야 하지 않을까?

따라서 가정형편으로 자녀에게 과외를 해주지 못하는 학부모들도 낙담할 필요가 없다. 대신 사랑과 관심으로 자녀를 대하면서 좋은 길로 나아갈 수 있도록 이끌어주는 것이 중요하다. 오히려 과외공부가 의타심을 키워 자녀의 공부 습관을 저해할 수도 있기 때문이다. 또 아이들이 과외를 받더라도 가능하면 질문을 많이 하는 공부 습관을 들이도록 조언해 주어야 한다.

질문을 많이 하고 가능하면 혼자 공부하고 깨우치는 것, 그리고 커뮤니케이션 능력과 원만한 인간관계 능력을 키우는 것. 이러한 덕목은 공자가 이미 2,500년 전에 강조한 교육법이며, 오늘날 아이들이 세계적인 인재로 성장하는 데 절대적으로 필요한 덕목이 되고 있다.

6 노벨상의 명문가_ 퀴리 가
모전자전, 4대째 과학자를 배출하다

퀴리 가의 자녀교육 10훈
아이를 훌륭한 과학자로 키우고 싶은 부모들에게

1_ 학교에서 공부하지 않아도 훌륭한 사람이 될 수 있다.
2_ 평등부부의 정신을 실천하는 것 또한 훌륭한 자녀교육이다.
3_ 자연 속에서 과학에 대한 탐구심을 갖도록 가르친다.
4_ 아버지가 가정교사이자 멘토 역할을 한다.
5_ 할아버지가 손녀를 가르치며 '격대교육'을 한다.
6_ 맞벌이를 하더라도 아이와 신뢰 쌓기를 게을리하지 않는다.
7_ 어머니가 주도해 '품앗이 교육'을 한다.
8_ 스스로 자립하는 것을 당연하게 여기도록 한다.
9_ 과학자를 대물림하도록 절대 강요하지 않는다.
10_ 학문에서도 궁합이 잘 맞는 배우자를 찾는다.

100년 전에 노벨상을 타게 한 '평등부부'의 정신

전세계 여성들에게 희망을 준 퀴리 부인의 불꽃같은 삶

여성들의 사회적 참여가 활발해지면서 여성들은 자신의 노력 여하에 따라 얼마든지 사회적으로 성공하는 것이 가능한 시대가 되었다. 그렇지만 불과 100년 전만 해도 여성들은 자신이 하고 싶은 일을 마음대로 할 수 없었다. 제도적으로 금지해 놓았고 또 사회적인 관습도 그랬다.

그런 시대적 상황에서도 노벨상을 두 번이나 받으며 전세계 여성들에게 희망의 상징이 된 사람이 마리 퀴리(1867~1937)다. 그녀는 여성의 대학 입학을 금지하는 제도 탓에 대학 진학을 포기할 뻔했다. 그래서 자신이 태어난 조국 폴란드를 떠나 프랑스 파리에 와서야 대학에 들어갈 수 있었다. 그처럼 여성이 사회적으로 성공하기가 어려운 시대 상황이었기에 마리 퀴리의 삶이 더욱 감동적으로 다가오는지도 모른다.

마리 퀴리는 러시아의 지배를 받고 있던 폴란드 바르샤바에서 태어났다. 마리의 아버지는 고등학교에서 수학과 물리학을 가르치는 교사였다. 그러나 아버지가 해직되고 가정 형편이 어려워지자 어머니가 하숙을 쳐서 생계를 유지했다. 또 아버지는 하숙생에게 과외를 하며 생활비를 벌었다. 하지만 엎친 데 덮친 격으로 마리의 어머니가 지병인 결핵으로 마리가 열 살 때 그만 세상을 떠나고 말았다. 게다가 마리의 아버지는 돈을 잘못 투자해 빈털터리 신세가 되어 늘 가난에 허덕이는 상황이었다.

사람 사는 것은 옛날이나 지금이나 마찬가지다. 형편이 어렵다고 자녀들에게 배울 기회도 주지 않고 돈벌이로 내모는 부모가 있는가 하면, 그럴수록 자녀들을 다독거리며 공부할 수 있는 분위기를 만들어주는 부모들도 있다. 가정이 어려운 때일수록 부모가 자녀들에게 어떻게 하느냐에 따라 아이들의 미래가 달라지는 것이다.

우리 주변에도 가정 형편이 어렵지만 훌륭하게 자녀들을 키워내는 부모들이 있다. 그런 부모는 등록금을 내는 날이면 주위 사람들에게 빚을 내서라도 꼬박꼬박 챙겨준다. 그리고 어렵사리 마련한 등록금을 받기가 미안한 자녀들은 남들보다 더욱 열심히 공부한다. 또 부모의 어려움을 알고 있는 아이들은 장학금을 받아 학비 걱정을 덜어주기도 한다. 어려움을 알고 자란 자녀들은 사회에 나와서도 열심히 살아가기 마련이다.

마리의 아버지는 어려운 형편에도 다섯 자녀들에게는 정서적으로나 지적으로 따뜻한 가정을 만들어주려고 노력했다. 아이들은 성장한 후에도 토요일 밤과 가족 행사를 잊지 못했다. 마리의 아버지는 매주 토요일 밤이면 자녀들을 불러놓고 세계고전문학을 읽어주었고, 가족 행사 때에는 직접 쓴 시를 낭송했다.

막내딸인 마리는 특히 아버지의 영향을 많이 받았다. 어린 나이에도 아버지가 수업 때 가지고 다닌 과학 실험 도구들에 유난히 관심을 보였다. 아버지는 틈만 나면 아이들에게 자연과학에 대해 설명해 주었다.

마리는 집중력과 암기력이 뛰어난데다 독서광이었는데, 교과서는 물론이고 시집이나 장편소설, 심지어 아버지가 보는 학술서적까지 손에 잡히는 대로 뭐든지 읽는 아이였다. 일찍부터 매력을 느꼈던 물리 교과서까지 모두 읽어낼 정도로 책을 좋아했다.

마리는 책을 손에 잡으면 일상적인 걱정 따위는 까맣게 잊었다. 가정 형편이 어려웠던 마리는 그래서 더욱 독서에 빠져들었는지도 모른다. 마리는 모든 과목에서 최고의 성적을 받으며 일등으로 고등학교를 졸업했다. 하지만 지나친 공부와 독서로 건강이 나빠져 시골에 있는 친척집으로 가서 요양을 하기도 했다.

폴란드에서는 여자의 대학 입학을 허용하지 않아(1915년까지) 마리는 대학 진학을 포기해야 했다. 반면 마리의 오빠는 바르샤바 대학 의학부에 진학했다. 마리는 가정교사를 하다 스무 살 때 비로소 파리에 올 수 있었는데, 먼저 파리로 건너와 의학 공부를 하고 있던 언니와 합류했다. 마리는 암울한 조국을 위해 과학자가 되기로 결심하고 소르본 대학에 입학했다. 도서관의 불이 꺼질 때까지 열심히 공부를 한 그녀는 성적이 우수해 곧 장학금을 받을 수 있었다. 그러다 3년 뒤에 피에르 퀴리(1859~1906)를 만나고 이듬해인 1895년 결혼을 하면서 새로운 인생의 전기를 맞게 된다.

만약 마리가 어려운 가정 형편과 여성의 대학 입학을 금지한 폴란드의 상황에 안주했다면, 결코 마리 퀴리의 이름을 세상에 드러낼 수 없었을 것이다. 또 남편인 피에르를 만날 수도 없었을 테고, 더욱이 공동 연구를 통해 노벨상도 수상하지 못했을 것이다.

노벨상 명가를 만든 퀴리 가의 평등부부 정신

자연을 사랑하고 아이를 사랑하고 이웃을 사랑한 '평등부부'의 열정이 2대에 걸쳐 노벨상 부부 공동 수상에 이어 4대째 내리 과학자를 배출해 냈다.

퀴리 가는 2대에 걸쳐 노벨상을 받은 세계적으로 전무후무한 과학자 집안이다. 특히 2대에 걸쳐 부부가 노벨상을 공동 수상하는 진기록을 남겨 학문의 명가를 이루고 있다. 이는 후세 사람들에게 다른 어떤 명문가나 귀족 가문 못지않게 귀감이 되기에 충분하다. 한 국가에서 노벨상 수상자 한 명을 배출하기도 힘든데, 한 가문에서 모두 세 번에 걸쳐 노벨상을 수상한 것이니 그럴 만도 하다.

노벨상의 경우 대를 이어 2대에 걸쳐 수상한 경우는 극히 드물다. 조셉 톰슨(1906년 물리학상)과 아들 조지 톰슨(1937년 물리학상), 닐

슨 보어(1922년 물리학상)와 아들 아게 보어(1975년 물리학상)가 2대째 노벨상을 받았다.

퀴리 가는 퀴리 부인이 1903년 물리학상과 1911년 화학상을 받아 노벨상 2관왕에 올랐을 뿐만 아니라, 퀴리 부부와 딸 이렌느 부부(인공 방사성 원소의 발견으로 1935년 노벨화학상을 공동 수상)가 2대에 걸쳐 노벨상 부부 공동 수상의 진기록을 냈다. 퀴리 부부의 위대한 힘이 아닐 수 없다.

퀴리 부부는 과학자이지만 전공은 서로 달랐다. 퀴리는 물리학자였고 퀴리 부인은 화학자였다. 전공이 다른데 어떻게 공동 연구의 파트너가 될 수 있었을까? 퀴리 부부는 공동 연구를 통해 서로 부족한 부분을 보완할 수 있었다고 한다.

남편 피에르 퀴리는 처음부터 배우자를 고를 때 자신의 연구 파트너가 될 여성을 염두에 두었다. 그런 섬에서 마리는 자신이 찾던 이상적인 배우자였다. 두 젊은 과학자는 사랑뿐만 아니라 학문적인 궁합도 잘 맞았던 모양이다. 성격도 남편은 신중한 데 반해 아내는 대담하고 추진력 있게 연구를 이끌어가는 스타일이라 서로에게 도움이 되었다.

피에르는 아내와 동등한 자격으로 연구하고, 명성까지 아내와 나누었다. 그야말로 100년을 앞서 간 평등부부였다고 할 수 있다. 요즘에도 퀴리 부부와 같이 평등정신을 실천하는 부부는 좀처럼 찾아보기 힘들다.

이러한 부부의 스타일이 학문적 재능과 결합하여 위대한 부부를 탄생시켰다. 특히 마리 퀴리는 역사상 최초의 여성 노벨상 수상자여서 더욱 의미가 깊다. 또 남편 피에르 퀴리에 이어 소르본 대학의 교수로 임용되면서 부부가 나란히 교수직을 지냈는데, 퀴리 부인은 소르본 대학 최초의 여성 교수이기도 하다.

이는 퀴리 부인과 절친했던 아인슈타인 부부와는 상반되는 모습이다. 아인슈타인은 아내가 상대성이론 연구에 많은 도움을 준 연구 동반자였지만 혼자 연구 결과를 독식한 것으로 알려져 있다. 더욱이 아인슈타인은 아내와 결혼 16년 만에 바람을 피워 이혼하고 말았다.

아버지가 뛰어난 가정교사이자 스승이었다

가문을 연구하다 보면 비슷한 발자취를 보이는 가문을 만날 수 있는데, 퀴리 가는 뒤에 살펴볼 다윈 가와 여러 면에서 닮아 있다. 두 가문은 공통적으로 아버지의 과학에 대한 열정이 자녀들을 위대한 과학자로 만들었다.

피에르 퀴리가 형, 아내와 함께 공동 연구를 할 수 있었던 데는 아버지 외젠 퀴리의 영향이 컸다. 피에르 퀴리 집안은 아버지 외젠 퀴리와 할아버지가 모두 의사였다. 찰스 다윈 가도 피에르 가와 비슷하다. 할아버지와 아버지가 의사였고, 그 아들에 이르러 세계적인 과학자를 배출하였다.

피에르 퀴리의 아버지는 아들이 자연과학에 대한 흥미를 키우면서 자유롭게 자랄 수 있도록 독려했다. 의사인 피에르 퀴리의 아버지는 자연과학과 의학을 공부했는데, 자신의 삶을 과학 연구에 바치고 싶어했다. 하지만 결혼을 하고 두 아들이 태어나면서 가족을 부양해야 할 책임이 커지자 자신의 꿈을 포기했다. 생계를 위해서는 수입이 보장된 의사라는 직업이 유리했기 때문이다. 의사로 생계를 꾸려가면서 그는 자연과학에 대한 연구를 계속하였다. 그는 기본적인 시설만 갖추고 당시까지 밝혀지지 않았던 결핵균 연구에 몰두했는데, 실험에 필요한 동식물을 구하기 위해 자주 여행을 다니기도 했다.

외젠 퀴리는 의술을 통해 가난한 사람들을 돕는 데 앞장선 의사였다. 조선시대의 허준처럼 콜레라가 유행했을 때는 의사가 없는 동네를 찾아다니면서 환자를 돌봐주었다. 또 프랑스가 혁명에 휩싸였을 때는 자신이 살고 있는 아파트에 간이병원을 만들어 부상자를 데려와 치료해 주기도 했다. 또한 파리 근교에 살면서 아이들에게 자연에 대한 탐구심을 자연스럽게 심어주려고 노력했다.

외젠 퀴리는 두 아들을 직접 가르쳤다. 우리나라 부모들뿐만 아니라 대부분의 부모들은 자녀가 다른 아이에 비해 지적 능력이 떨어지면 일찌감치 아이의 미래를 포기한다. 하지만 피에르 퀴리의 경우를 보면 그것이 결코 현명한 결정이 아님을 알 수 있다. 아인슈타인도 그랬지만 아이의 미래는 어린 시절에 결정되는 것이 아니기 때문이다.

유대인이었던 아인슈타인에 대해 초등학교 1학년 때 선생님은 "이 아이에게 어떠한 지적 능력도 기대할 수 없다"는 기록을 성적표에 남겼다. 한마디로 지진아였던 셈이다. 그러나 아인슈타인의 부모는 자신의 아들을 전적으로 신뢰했다. 아인슈타인은 훗날 "어머니는 나에게 왜 남들처럼 못 하느냐는 꾸지람을 단 한 번도 한 적이 없었다"고 회고했다.

역시 훗날 노벨상을 탄 피에르 퀴리의 아버지 외젠 퀴리도 성급하게 아이의 미래를 포기하지 않았다. 외젠 퀴리는 아들 피에르가 지적 발달이 늦다는 것을 알고 직접 가르치기로 결심했다. 학교에 보내면 오히려 아인슈타인처럼 교사에게 구박을 받아 상처를 입을 수 있기 때문이다. 그래서 피에르는 고등학교까지 학교에 다니지 않고 아버지와 함께 집에서 공부했다. 형 자크도 고등학교에 진학하지 않았다. 그렇지만 아버지는 아들에게 어떤 선입관이나 편견도 가지지 않고, 학교 교육에 버금가는 교육을 열정적으로 시켰다. 피에르 퀴리는 다행히도 통찰력을 지닌 아버지가 있었기에 과학자로 성장할 수 있었던 것이다.

외젠 퀴리는 아들의 지적 발달에 해를 끼칠 만큼 무리한 요구는 하지 않았다. 자칫 부모의 욕심이 앞설 경우 조급증이 생겨 아이를 망칠 수도 있는데, 다행히도 외젠 퀴리는 그렇지 않았다.

피에르 퀴리는 항상 그가 부모에게 받은 자유로운 교육에 대해 감사히 여겼다. 그는 학교에 가지 않는 대신 아버지가 실험을 위해 식물과 동물을 가지고 오면 그것들을 보면서 자연과학에 대한 흥미를 키웠다.

실제로 자연과의 긴밀한 접촉은 피에르 퀴리의 정신세계에 결정적인 영향을 주었다. 그는 아버지의 손에 이끌려 자연현상을 관찰하고 해석할 줄 알게 되었고, 계절에 따라 숲속과 개울, 늪에서 어떤 현상을 발견할 수 있는지도 배웠다. 그는 개구리를 해부하는 등 관찰을 위해 여러 동물들을 직접 잡아보기도 했는데, 자유로운 자연학습을 통해 자연과학에 대한 지식이 엄청나게 늘어났다.

또 독서를 하며 문학과 역사에 대한 지식의 폭도 넓어졌다. 외젠 퀴리는 문학서적이 빼곡하게 꽂혀 있는 서재에서 독서하는 습관이 있었는데, 아이들도 아버지의 습관을 고스란히 이어받았다. 피에르 퀴리가 학교 밖에서 과학에 대한 지식과 열정을 얻을 수 있있던 것은 모두 아버지의 자상한 배려 덕분이었다. 그리고 이러한 추억은 그가 교통사고로 숨지는 그날까지 과학에 대한 열정을 안고 살아가게 한 원동력이 되었다.

외국의 명문가에서 확인할 수 있는 것 중의 하나가 바로 '가정교사를 통한 가정에서의 공부'다. 톨스토이와 타고르를 비롯해 러셀 등의 명문가들은 요즘 아이들이 과외를 받는 것보다 더 광범위한 분야에 걸쳐 과외를 받았다. 물론 우리나라 명문가들도 당대의 석학들을 자녀의 스승으로 모시고 공부를 시켰다. 가정교사를 통한 자녀교육은 동서고금을 막론하고 일반적인 현상이었던가보다.

피에르 퀴리 가의 경우도 아버지가 직접 아이들을 가르치긴 했지만 뛰어난 가정교사를 초빙하기도 했다. 피에르가 열네 살 때 아버지는 저명한 수학 교수를 모셔와 그를 가르치게 했다. 당시 퀴리 집안의 형편이 그리 넉넉한 편이 아니었는데도 아버지는 아들을 위해 이와 같은 수고를 아끼지 않았다.

아버지의 정성에 감동한 아들은 이때 고등수학과 라틴어 공부까지 했는데, 대학교수의 가르침으로 피에르 퀴리의 재능은 한층 향상되었다. 특히 피에르는 수학에 놀라운 소질을 보였다. 그는 가정교사에게 수업을 받는 것이 큰 기쁨이었다고 아내인 마리 퀴리에게 말하곤 했다.

수학과 물리에 재능을 보인 피에르 퀴리는 열여섯 살에 이과대학 입학자격증을 얻었다. 우리나라로 보면 검정고시를 통해 대입자격을 얻은 것과 같다. 부모의 헌신적인 노력으로 피에르는 어려운 시절을 이겨내고 대학에 들어가 자신이 재능을 보인 과학 분야에서 공부할 수 있게 된 것이다.

의사였지만 어려운 이웃을 돕는 데 앞장서는 아버지 덕분에 집안 형편은 항상 넉넉하지 못했다. 그래서 피에르 퀴리는 소르본 대학에서 조교로 일하면서 공부를 했다. 다행히도 피에르는 입학한 지

2년 만인 열여덟 살에 졸업을 할 수 있었다. 그러고 나서도 변변한 실험실 하나 없이 연구를 계속하던 피에르 퀴리는 1903년 아내와 공동으로 노벨상을 수상한 데 이어 이듬해에 소르본 대학의 교수로 임명되었다.

피에르의 형 자크 역시 소르본 대학을 마치고 광물학 연구실에서 실험 조교로 있었다. 두 형제는 공동 실험을 계속했고 마침내 두 물리학자는 1895년에 권위 있는 상을 받기도 했다. 두 형제는 공동 연구가 계속된 5년여 동안 너무나 행복했다고 한다. 그들의 우정과 과학에 대한 열정이 둘에게는 삶의 활력소와도 같았다. 하지만 두 형제의 공동 연구는 형 자크가 광물학 교수로 임용되면서 끝이 났다.

결혼 후에 피에르가 아내인 마리와 공동 연구를 통해 학자로서 성공했다면, 결혼 전에 피에르를 키워준 것은 형 자크와의 공동 연구였다. 어린 시절에 아버지의 심부름으로 식물 표본을 채집하러 다닐 때부터 그는 형과 공동 연구를 한 셈이다. 그래서 피에르에게 공동 연구는 자연스러운 것이었다.

내리 4대에 걸쳐 과학자를 배출하다

여성 최초로 노벨상을 수상한 퀴리 부인은 두 딸에게 과학자의 길을 단 한 번도 강요하지 않았다. 마리는 하루 종일 연구에 매달리면서도 틈틈이 딸과 함께 시간을 보냈다. 마리는 딸의 침대까지 아침을 가져다주기도 하며 딸과 이야기를 나누는 자상한 어머니였다.

어머니는 딸을 전적으로 신뢰했다. 두 딸은 스스로 자신의 앞길을 결정했는데, 큰딸은 어머니 못지않은 과학자가 되었고 작은 딸은 작가가 되었다. 게다가 큰딸은 어머니의 뒤를 이어 노벨화학상을 받았다.

마리와 딸의 화목했던 모녀 관계는 이들과 친하게 지낸 아인슈타인의 부자 관계와 대비되면서 세인의 입에 오르내리곤 한다. 아인슈타인의 아들 에두아르트는 아버지가 바람을 피워 어머니 밀레바와 이혼하자 평생 아버지를 원망하며 살았는데, 한번은 아버지에게 분노가 담긴 편지를 보내기도 했다. 어린 시절 총명하고 음악적 재능도 뛰어났던 에두아르트는 결국 정신분열증에 걸렸고, 남편에게 버림받은 밀레바는 아들을 정신병원에 입원시킨 뒤 35년 동안이나 보살피다 일생을 마쳤다. 밀레바의 경우를 보면 불행은 겹쳐 일어난다는 옛말이 떠오른다.

퀴리 부부가 자신의 두 딸을 낳고 키우는 과정은 요즘 우리 사회의 맞벌이 부부들이 당면한 문제와 너무나 닮아 있다. 퀴리 부부는 결혼 2년 만에 딸 이렌느를 낳으면서 양육 문제에 부딪혔다. 공동 연구를 하고 있던 터라 아내가 연구에서 손을 뗄 수 없는 형편이었다. 피에르는 마리가 아이를 낳았다고 해서 과학 연구를 그만두어야 한다고는 생각하지 않았다.

그러던 중 피에르의 어머니가 유방암으로 세상을 떠났다. 홀로 남게 된 외젠 퀴리는 아들 부부와 함께 살았고 자연스럽게 아이의 양육 문제도 해결되었다. 마리가 실험실에 있는 동안에는 시아버지가 손녀를 돌보았다. 이미 자신의 두 아들을 훌륭하게 키워낸 분이기에 아이에게는 더없이 훌륭한 가정교사가 되어주었다. 퀴리 부인은 "내가 연구와 가정이라는 두 가지 일을 동시에 해나갈 수 있기까지는 이런 가족의 유대가 뒷받침되었다"고 훗날 회고했다.

할아버지가 손녀 이렌느에게 끼친 영향은 실로 컸다. 의사 할아버지는 손녀를 정신적으로 안정된 아이로 자라게 해주었을 뿐만 아니라 빅토르 위고 등 문학 작품을 읽어주면서 문학적 소양을 갖도록 이끌었다. 또 식물학과 박물학에도 자연스럽게 관심을 가지도록 유도했다.

우리나라에서도 전통적으로 내려오는 '격대교육'의 참모습을 퀴리 가에서도 그대로 발견할 수 있다. 격대교육은 할아버지나 할머니가 손자손녀를 생활 속에서 자연스럽게 가르치는 자녀교육의 한 방법이다.

두 딸이 어느 정도 자라 학교에 갈 즈음 학교 교육에 불만이 많았던 마리는 동료 교수들과 함께 협동학교를 운영하기로 결심했다. 참여한 교수들이 돌아가면서 수업을 맡는 방식으로 요즘 우리 사회에서 일부 학부모들이 하고 있는 '품앗이 교육'과도 유사하다. 맞벌이로 고민하는 학부모들이 자녀들에게 교사가 되어 서로 강의를 해주는 방식인데 엄마들이 책 읽기, 그리기, 나들이 등 각자 분야를 나눠 아이들을 가르친다. 잘하면 사교육비를 절감하고 훌륭한 인맥 네트워크를 만들 수 있는 장점도 있다.

아이들은 매일 소르본 대학에 강의를 들으러 갔다. 어떤 날에는 소르본 대학의 실험실에서 장 페랭 교수가 화학을 가르쳤고, 또 다른 날에는 폴 랑주뱅의 수학 강의를 들었다. 장 페랭과 폴 랑주뱅은 당대의 권위 있는 교수들이었다. 페랭 부인 등 다른 사람들은 문학과 역사, 자연과학, 그림 등을 가르쳤으며, 마리 퀴리는 기초적인 물리학을 수업했다.

마리가 주도한 품앗이 교육은 2년 동안이나 계속되었다. 큰딸 이렌느는 열 명의 아이들과 함께 당대의 가장 뛰어난 학자들로부터 수학, 화학, 물리학, 문학, 미술사, 영화, 프랑스사 등을 배울 수 있었는데, 이때 수업을 받은 아이들 중 몇 명은 미래의 석학들이 되었다. 아이들은 부모들이 보여준 열성적인 수업을 평생 잊지 못했을 것이다. 특히 마리 퀴리의 열정적인 수업은 아이들을 감동시키기

에 충분했다. 그녀는 자신의 공부 방법을 아이들에게 직접 가르쳐 주었다. 암산의 명수였던 마리는 아이들에게 암산 비법을 전수해 주었는데, 그것은 '집중을 하고 결코 서둘러서 계산하지 않는 것' 이었다.

이 '품앗이 교육'은 아이들이 상급학교 입학시험을 보면서 2년 만에 중단되었다. 둘째 딸 에브 퀴리는 훗날 『아름답고 평등한 퀴리 부부』라는 회고록에서 "어떤 공식적인 학교 교육보다 소르본 대학에서 2년 동안 받은 실험적인 교육이 언니 이렌느가 과학자의 길을 택하는 데 결정적인 영향을 미쳤다"고 말했다.

에브 퀴리는 어머니가 준 메모와 편지 등을 바탕으로 자신의 부모인 퀴리 부부에 대한 전기를 썼으며, 언니와 달리 피아니스트와 작가로 명성을 날렸다. 그러나 어머니로서, 아내로서, 과학자로서 바쁘게 산 마리는 이렌느가 열세 살 되던 해 시아버지가 돌아가시자 다시 양육을 도맡으며 힘겹게 살았다.

1911년 열네 살이 된 이렌느는 어머니 마리 퀴리가 두 번째 노벨상(화학)을 받을 때 수상식장에 있었다. 이렌느도 1935년에 이곳에서 어머니와 같은 분야인 노벨화학상을 받게 된다.

퀴리 가는 여성들의 학문적 열정과 성공이 유독 두드러진다. 퀴리 부인을 시작으로 연달아 4대에 걸쳐 과학자를 배출했기 때문이다. 마리 퀴리와 이렌느 퀴리는 노벨상을 받았고, 이렌느 퀴리의 딸 엘렌도 물리학자가 되었다. 또 엘렌의 두 아들도 물리학자로 이름을 알리면서 4대째 과학자를 배출하는 가문으로 자리매김하고 있다.

퀴리 부부는 100년 앞서 평등부부의 정신을 완벽하게 실천한 과학자였다. 여성에 대한 사회적 차별이 심했던 20세기 초에 이 부부의 딸과 손녀가 과학자가 될 수 있었던 것은 바로 평등부부의 정신이 있었기에 가능했다고 할 수 있다. 그래서 한 가정의 가풍은 중요한 것이다. 가풍에 따라 큰 인물이 나올 수도 있고 그렇지 않을 수도 있기 때문이다. 예컨대 여성 차별적인 가정에서 훌륭한 여성이 나오기란 쉽지 않다. 이미 과학적 성과로 노벨상을 탄 부부이지만 그런 의미에서 '평등부부' 노벨상을 주어야 하지 않을까?

100년 전에 노벨상을 안겨준 평등부부, 그 정신도 대물림하다

　　마리 퀴리는 연구로 바쁜 일상에서도 딸들이 자라는 모습을 일기에 꼼꼼히 기록하는 등 자녀교육에도 정성을 다했다. 조국 사랑이 남달랐던 마리 퀴리는 아이들이 자신의 모국어인 폴란드어를 자연스럽게 배울 수 있도록 집에 일하는 사람으로는 반드시 폴란드인을 고용했다. 라듐 연구소 역시 파리에 이어 조국인 폴란드 바르샤바에도 만들었다.

　　마리 퀴리는 두 딸에게 가톨릭 세례를 강요하지 않았다. 가능한 한 독립적인 사람이 되도록 키웠으며, 열 살이 되면서부터는 혼자 여행을 하도록 했다. 이런 자립심을 심어주는 교육 덕분에 두 자매는 언젠가는 스스로 벌어서 먹고 살아야 한다는 사실을 당연하게 받아들였다. 또한 마리는 어린 딸들에게 "인간은 누구나 만 16세가 되면 국가와 민족을 위해 무엇을 할 것인지를 생각해야 한다"고도 가르쳤다.

마리는 자녀들이 부모의 공으로 돈방석에 앉는 것을 원치 않았다. 언젠가 이렌느와 에브 두 딸에게 막대한 재산을 물려줄 기회가 있었지만 그녀는 그 기회를 포기했다. 남편 피에르가 교통사고로 세상을 떠난 후, 마리는 남편과 직접 만든 1그램의 라듐이 큰돈이 된다는 사실을 알았다. 그때 마리는 가족회의를 열어 100만 프랑 이상 되는 귀중한 라듐의 소유권을 실험실에 기증하겠다는 결심을 두 딸들에게 통보했다. 그녀는 두 딸이 가난하게 사는 것도 싫지만 그렇다고 주체할 수 없이 많은 돈을 가지고 있는 것은 더욱 좋지 않다고 판단했다. 만약 그때 100만 프랑이나 되는 돈을 딸들에게 물려주었다면 아마도 두 딸은 과학자나 작가가 되기 힘들었을 것이다. 특히 큰딸 이렌느가 노벨상을 탈 수 있었을까 하는 의문이 든다.

이렌느는 할아버지와 어머니의 노력에 힘입어 어린 나이에 자연과학의 세계를 접했고, 소르본 대학에서 그의 아버지처럼 수학과 물리학을 공부했다. 이렌느는 어머니의 물리학 강의를 들으면서 자연스럽게 그녀의 연구를 잇게 된 것이다. 또 대학 졸업 후에는 어머니의 조수로 라듐 연구소에 들어가 물리학자의 길을 걷게 된다.

케네디 가에서도 볼 수 있듯이 부모가 자녀를 뒷바라지할 때 부모가 바라던 대로 자녀가 따라주고 노력해 준다면 부모에게 그 이상의 기쁨은 없다. 퀴리 가의 마리와 이렌느의 모녀 관계는 케네디의 할아버지와 케네디 아버지의 관계, 또 케네디 아버지와 케네디의 관계처럼 끌어주고 밀어주는 그런 관계였던 셈이다.

이렌느는 어머니의 조수로 일하던 프레데릭 졸리오와 결혼하게 된다. 이 부부는 1934년에 퀴리 가로서는 세 번째 노벨상(화학 부문)을 받으면서 또 한 번 세상을 놀라게 했다.

특히 딸의 부부는 퀴리 부부가 행한 평등부부의 생활방식을 그대로 이어받았고 연구 방식도 너무나 비슷했다. 두 사람은 마치 마리와 피에르의 관계를 본뜬 것처럼 공동 연구를 했다. 마리와 피에르가 그랬듯이 두 사람은 서로 다르면서 또 같았다. 이렌느는 화학자였고 남편은 물리학에 정통했지만, 공동 연구를 훌륭하게 수행했다. 마리 퀴리는 자신과 피에르 퀴리 같은 관계가 딸에게서 다시 이루어지길 바라는 마음으로 두 사람의 관계를 북돋워주었다. 한편 졸리오는 퀴리 가의 학문적 가풍에 매료되어 졸리오 대신 '졸리오 퀴리'로 성을 바꾸었다.

이렌느는 아버지와 어머니의 뒤를 이어 소르본 대학의 교수직에 오르고 남편도 교수가 되었다. 이렌느는 또한 어머니가 평생 연구에 헌신했던 라듐 연구소도 물려받았다. 어쩌면 요즘 문제가 되고 있는 '학문의 세습'이라며 비판할 수도 있겠지만, 노벨상 등 이들이 성취한 연구 성과로 볼 때 당연한 결과이다. 자녀가 부모의 학문을 이어 연구하는 전통을 세워준다면 이 또한 훌륭한 가풍이라고 할 수 있을 것이다.

이렌느의 딸인 엘렌은 소르본 대학에서 실험학교를 운영할 당시 수학을 가르쳤던 폴 랑주뱅의 손자와 결혼하게 된다. 마리 퀴리가 자녀들을 위해 시도한 실험학교는 교육뿐만 아니라 자연스럽게 인맥 네트워크의 역할도 한 셈이다. 우리나라의 품앗이 교육도 나중에는 서로 친구가 되고 사업의 동반자가 되기도 하며, 또 결혼으로까지 이어지는 등 자연스럽게 자녀들 간에 인맥 네트워크의 역할도 할 수 있을 것이다.

명문가에게 배운다 · 6

어머니가 나서서 '품앗이 교실'을 운영하라

인간은 역사가 시작된 까마득한 옛날부터 자녀교육에 힘써 왔다. 문헌에서 나오는 가장 최초의 가정교사는 바로 멘토Mentor이다. 지금으로부터 2,800여 년 전에 씌어진 호머의 『오디세이』에도 가정교사가 처음 등장한다.

 이타케의 왕인 오디세우스는 페넬로페와 결혼해 왕자 텔레마코스를 낳았다. 불가피하게 트로이 전쟁에 참전하게 되자 그는 친구인 멘토에게 아들의 스승이 되어줄 것을 요청하고, 텔레마코스는 아버지가 전쟁에 나가 있는 20년 동안 스승의 가르침을 받아 지혜로운 인간으로 성장한다. 요즘 자신의 인생에 영향을 주는 스승을 뜻하는 멘토는 바로 여기서 유래한 것이다.

 역사상 가장 위대한 정복왕이라고 불리는 알렉산더 대왕의 스승은 다름 아닌 아리스토텔레스였다. 그는 기원전 356년 마케도니아의 필리포스 2세의 아들로 태어났다. 열세 살 때 아버지가 철학자 아리스토텔레스를 그의 가정교사로 초빙해 철학과 왕도 등을 배우게 했는데, 그가 강력하면서도 지혜로운 정복자가 될 수 있었던 데는 스승인 아리스토텔레스의 영향이 컸다.

대문호가 된 괴테도 가정교사의 가르침이 큰 영향을 미쳤다. 괴테 가는 부모 가계 양쪽 어디에도 문학가의 자질을 가진 이가 없었다. 변변한 직업이 없었던 괴테의 부친은 아들만은 훌륭한 직업을 가진 유능한 인재로 키우기 위해 체계적이고 적극적으로 가정교육을 했다. 그래서 괴테는 문학과 예술, 종교를 비롯해 라틴어, 영어, 이탈리아어, 프랑스어, 히브리어까지 배웠다.

톨스토이 역시 자녀들의 영어교사를 구하기 위해 무척이나 애를 썼다고 한다. 심지어 영국에서 가정교사를 직접 모셔오기도 했다. 노벨상을 제정한 노벨의 아버지도 노벨이 아홉 살 때 스웨덴의 고급 가정교사를 초빙해 공부를 할 수 있도록 배려했다. 또 존 스튜어트 밀은 3세에 라틴어, 8세에 그리스어, 12세에 논리학을 터득할 정도로 가정교사를 통한 조기 교육을 받았다. 세계 대부분의 명문가나 상류층에서는 가정교사를 두고 자녀교육을 하는 것을 관행으로 여겨왔다. 우리나라 명문가나 상류층들도 예외는 아니었다.

오늘날에도 가정교사는 여전히 존재하나 가정교사가 사교육의 폐해를 상징하는 것처럼 되었지만, 잘만 활용하면 아이의 부족한 과목을 보충해 주거나 재능을 살려줄 수 있다.

그렇다면 가정교사를 구할 수 없는 가정은 어떻게 자녀를 교육시켜야 할까? 형편상 가정교사를 두지 못하더라도 방법은 얼마든지 있다. 그 첫째가 부모가 지혜를 가르쳐주는 스승이 되는 것이다. 구체적으로 지식을 가르치지 않아도 생활 속에서 자연스럽게 아이들과 놀아주는 것 자체가 훌륭한 교육이 된다. 피에르 퀴리의 부친인 외젠 퀴리도 자녀들에게 훌륭한 스승의 역할을 해주지 않았던가.

둘째, 격대교육隔代教育을 활용하는 것이다. 외젠 퀴리는 손녀를 돌보며 직접 가르치기도 했다. 더욱이 그의 과학적 열정이 대물림되어 결국 2대에 걸쳐 노벨상을 만들어냈다. 격대교육이란 할아버지가 손자, 할머니가 손녀를 맡아 인성 교육을 하는 전통적인 자녀교육 방법을 말한다. 아버지가 아들을 교육하면 감정에 휩쓸려 오히려 자녀교육에 부정적인 영향을 미치기 쉽다. 부모는 자녀에 대한 기대가 높고 욕심이 앞선 나머지 자녀가 잘 따라오지 않는다며 화를 내고 질책하게 되는데, 그러면 아이는 주눅이 든 채 마음속에는 저항심이 생겨 교육이 제대로 될 리 없다. 그래서 공자도 자녀를 직접 가르치지 않고 훈수만 두는 방식으로 지도를 했다. 부모는 아이가 제대로 공부를 하고 있는지를 점검하고 조언하는 역할을 하는 것이 바람직하다. 부모는 자녀에게 지식을 가르치기보다 '인생 교육'의 멘토 역할이 더 적격이다.

셋째, 어머니가 주도해 '품앗이 교실'을 운영하면서 자녀들에게 다양한 분야의 스승을 만들어줄 수 있다. 이는 자녀들의 다양한 호기심을 충족시킬 수도 있고, 인맥 네트워크를 쌓을 수 있는 기회이기도 하다.

품앗이 교실은 아버지보다 어머니가 주도하는 편이 낫다. 아버지는 직장 등의 일로 규칙적으로 시간을 할애할 수 없기 때문이다.

마리 퀴리는 자신이 근무한 소르본 대학의 동료 교수들과 함께 품앗이 교실을 열어 2년여 동안 운영하면서 자녀들을 과학의 세계로 이끌었다.

   품앗이 교육은 고액의 가정교사를 구하지 않고 비용을 덜 들이면서도 자녀들의 눈높이에 맞춰 다양한 분야를 교육시킬 수 있는 강점이 있다. 우리나라처럼 사교육비로 고민하는 가정이 많은 현실에서는 품앗이 교실이 가장 권장할 만한 자녀교육 방법이 아닐까.

7 과학 명문가_ 다윈 가
진화론은 '엽기' 할아버지와 손자의 합작품?

다윈 가의 자녀교육 10훈
대대로 헌신할 수 있는 가업을 만들어주고 싶은 부모들에게

1_ 아버지가 아이의 인생 스승으로서 멘토 역할을 한다.
2_ 늘 음악적이고 유쾌한 가정 분위기를 만든다.
3_ 여행을 통해 인생의 전환점을 만들어준다.
4_ 적성에 맞지 않으면 끝까지 강요하지 않는다.
5_ 아이가 학자로서의 비전이 보이면 힘 닿는 데까지 후원한다.
6_ 비판자가 많을 때는 시간을 두고 설득하는 방법을 쓴다.
7_ 모임을 결성해 소중한 인연을 만들어간다.
8_ 대를 이어 열정을 바칠 수 있는 가업이나 가학을 만든다.
9_ 하루 일과 계획표는 철저하게 짜서 실천하도록 노력한다.
10_ 새로운 인생의 길을 열어주는 스승이나 친구를 만들어준다.

집안마다 내려오는
'유전적 재능'을 살려라

대대로 먹고살 수 있는 가업이 절실해지는 시대가 온다

　대대로 내려오는 가업이나 가학이 있다면 얼마나 좋을까? 가끔 아이를 키우기 힘들어질 때나 사는 게 왠지 심란해질 때 이런 소박하고도 낭만적인 생각을 해보게 된다. 굳이 거창하게 꿈을 가져야 행복한 인생은 아닐 것이다. 자신이 하고 있는 일에 만족하고 가족들이 행복하다면, 그리고 여력이 있어 사회를 위해 좋은 일을 하면서 살 수 있다면 그것이 진정 행복한 삶이 아닐까?

　이런 점에서 유럽이나 일본에서 대대로 이어오는 가업家業의 전통은 우리도 본받을 만하다. 대졸 실업자들이 쏟아져나오는 등 갈수록 먹고살기가 힘들어지면서 우리나라도 가업 만들기가 붐을 이룰 것으로 보인다. 수천 년 동안 나라 없이 핍박받은 유대인들처럼 먹고살기가 힘들수록 혈연을 바탕으로 한 가족 간의 일터가 더욱

절실해지기 때문이다. 우리나라는 직업의 귀천을 따지는 '사농공상'의 전통에 따라 가업을 천시한 측면이 있다.

아울러 같은 학문을 가족들이 공유하고 또 대를 이어 연구할 수 있다면, 그것도 행복한 가정을 이루는 좋은 방편이 된다. 아무래도 '밥'만으로는 충만한 삶을 살 수 없기 때문이다. 밥과 함께 정신적인 양식이 필요한데, 먹고사는 데 필요한 것이 가업이라면 정신적인 양식은 '가학'이라 할 수 있다.

학문으로 대를 이어오고 있는 집안은 스위스의 세계적 언어학자인 소쉬르 가를 들 수 있다. 소쉬르 가문은 5대째 학자를 배출한 세계적인 학문의 명가다. 소쉬르의 조부 니콜라스 데오도르는 즈네브 대학의 지리학과 광물학 교수를 지냈고, 부친 앙리는 지질학자로 미국과 멕시코를 탐험하기도 했다. 그리고 소쉬르는 세계적인 언어학자이다.

필자가 쓴 『5백년 명문가의 자녀교육』에 소개한 고산 윤선도 가문의 경우에도 실용적인 학문을 연구하는 가풍을 대대로 이어왔다. 그래서 양반 가문이지만 3대에 걸쳐 걸출한 화가를 배출하기도 했다. 양반들은 책을 읽고 벼슬을 해야 성공하는 시대에 이와 거리가 먼 그림에 몰두했다. 지금도 그렇지만 할아버지와 아버지, 그 아들이 3대에 걸쳐 화가가 된다는 것은 그리 쉬운 일이 아니다.

남종화의 대가 소치 허련 가는 5대째 화가를 배출해 냈다. 한국화의 큰 산맥을 이룬 남농 허건을 비롯해 현재 전남대학교 미술대학 교수인 그의 손자 허진이 대를 잇고 있다. 이 가문은 후손들에게 결코 강요하지 않았는데도 자손들이 화가로서의 재능을 이어온 경우다.

이처럼 할아버지가 연구했던 학문을 손자가 물려받아 연구하고 또 그 손자의 후손들이 그 연구를 완성했다면, 그 가문은 세상의 부러움을 사기에 충분하다. 그런데 실제로 세상에 그런 가문이 존재한다. 그 집안은 바로 인류가 어떻게 생겨났는지를 진화론을 통해 규명한 찰스 다윈(1809~1882)의 가문이다.

찰스 다윈의 할아버지 에라스무스 다윈(1731~1802)은 진화론에 대해 처음으로 문제를 제기했던 인물이다. 그리고 할아버지에 이어 손자인 찰스가 본격적으로 진화론을 연구하고 완성해서 세계를 깜짝 놀라게 만들었다. 이는 하느님이 인간을 만들었다는 당시 기독교의 창조론을 뒤엎는 획기적인 가설이었다.

찰스의 아버지는 평생 아들이 진화론을 규명할 수 있도록 연구

를 뒷받침하는 등 인생의 스승으로서 멘토 역할을 충실히 했다. 그리고 찰스의 아들은 아버지와 함께 공동 연구를 진행했으며, 찰스의 손녀는 할아버지가 쓴 자서전을 세상에 알리기 위해 애썼다. 지금도 기독교에서는 진화론을 인정하지 않지만 150년 전에는 자칫 진화론을 주장했다가 가문이 치명적인 위기에 처할 수도 있었다. 찰스는 당시 기독교와 관련된 민감한 내용은 삭제하고 자서전을 출간했는데, 그의 손녀가 온전한 자서전을 펴내 할아버지의 연구 업적을 완성시킨 것이다.

찰스 다윈은 50세(1859년) 때 『종의 기원』을 출간했다. 다윈이 인류의 기원을 설명하는 진화론를 내놓을 수 있었던 배경에는 처음으로 진화론을 주장한 그의 할아버지가 있었기에 가능했다. 이렇게 보면 진화론은 다윈 가문이 할아버지와 손자, 손자의 손자까지 5대가 매달려 연구해 온 산물이라고 할 수 있다.

찰스의 할아버지 에라스무스 다윈은 과학자이자 의사, 발명가, 시인이었다. 그는 의사로서도 우리나라의 허준처럼 전설적인 인물이었다. 그는 1756년부터 영국 리치필드에서 의사로 활동하면서 불치병 환자를 구해 유명해지기 시작했는데, 다른 의사들이 모두 포기했던 명문가 자제의 생명을 구해내 그의 명성은 이내 영국 전역으로 퍼져 나갔다. 마침내 영국 왕 조지 3세가 그를 런던으로 초빙하여 왕의 주치의로 부임할 것을 종용했다. 그러나 그는 당시 살고 있던 리치필드를 떠나고 싶지 않다며 정중하게 거절했다고 한다.

에라스무스 다윈은 수많은 발명품들을 고안하고 개념을 정립했다. 이중에는 발성기, 복사기 그리고 후대에 자동차에서 이용하는 마차의 방향 조정장치들이 포함되어 있다. 사실상 현대의 발명품들 가운데 에라스무스 다윈이 시작하지 않았던 게 없을 정도이며, 진화론에서부터 우생학까지, 비행기에서부터 잠수함, 발성기에서 전화기까지도 예견했다. 그는 식물뿐만 아니라 동물 생태에 관한 방대한 내용을 담아 진화론을 제기했다.

그는 1776년경에 당대의 과학자와 자연주의 철학자들의 사교 클럽을 만들었다. 이 모임에는 18세기 영국에서 내로라하는 과학자들은 다 모였다. 회원으로는 증기기관을 발명한 제임스 와트를 비롯해 산소를 발견한 조셉 프리스틀리, 위대한 도예가 조지아 웨지우드 등이 있었다. 미국인으로는 훗날 미국 대통령이 된 토마스 제퍼슨과 벤자민 프랭클린 등도 포함되어 있다.

이러한 인연으로 다윈 가는 웨지우드 가와 두 번에 걸쳐 혼인을 맺게 된다. 찰스 다윈의 어머니가 웨지우드 가문이고, 아내도 이 가문의 딸이다. 따지고보면 다윈은 외사촌과 결혼한 셈이다. 웨지우드 가문은 250년이 지난 지금도 세계적으로 유명한 도자기를 생산하고 있다.

에라스무스 다윈은 조지아 웨지우드의 친구이자 주치의였다. 특히 웨지우드는 당시 진화설을 처음 제기한 에라스무스의 열렬한 지지자였다. 그들은 삼십대에 만나 죽는 날까지 끈끈한 유대를 이어갔는데, 두 사람의 배경은 전혀 달랐다. 에라스무스는 케임브리지 대학과 에든버러 대학에서 고전문학과 의학을 공부했다. 반면 조지아는 초등학교도 나오지 않고 열다섯 살에 형에게 도제 교육을 받아 도기장이 되었다. 하지만 에라스무스처럼 조지아도 과학과 발명에 푹 빠져 있었고 정치적 견해와 사상에서도 서로 통하는 점이 있었다.

조지아는 부유한 집안의 딸과 결혼한 덕에 재력가가 되어 사업을 크게 확장했는데, 한때 유럽에서 가장 많은 노동자를 둔 도자기 공장을 운영할 정도였다. 조지아는 창업한 지 얼마 되지 않은 1765년에 샬롯 여왕이 주문한 찻잔 세트를 만들어서 '황실 도공'의 직위에 올랐다.

이들의 우정은 결국 양가의 혼인으로 이어졌다. 에라스무스의 아들 로버트는 어릴 때부터 조지아의 장녀 수재너와 친했다. 로버트 다윈이 의사로 명성을 얻으면서 한 살 연상인 수재너 웨지우드를 아내로 맞이하게 된 것이다. 이 부부는 자신의 아버지 에라스무스와 조지아의 영향을 받아 모두 꽃을 좋아했다. 집에는 희귀한 식물과 이국적인 나무들로 가득한 아름다운 정원을 만들었다. 찰스는 이들 부부의 2남 4녀 중 다섯째로 태어났는데, 그의 어머니는 재능 있고 예술적 감성이 풍부했다.

이렇게 보면 다윈 가와 웨지우드 가의 결합은 절묘한 만남이라 할 수 있다. 다윈 가문은 정신적인 양식이라 할 수 있는 학문으로 명가를 이루었고, 웨지우드 가문은 먹고사는 생업을 통해 세계적인 가문을 만들어냈기 때문이다.

의사 아버지, 아들의 '인생 스승'이 되다

찰스 다윈이 자란 곳은 런던에서 기차로 약 3시간 정도 걸리는 곳에 위치한 중세풍의 아름다운 도시 슈루즈버리다. 시내에는 다윈의 동상이 중심가를 바라보며 세워져 있고, 그가 살았던 생가도 잘 보존되어 있다. 슈루즈버리는 원탁의 기사를 다스린 아더왕의 전설이 살아 있는 곳이기도 하다.

찰스가 여덟 살 때 어머니가 병으로 돌아가시자 누나들은 엄마를 대신해 동생을 보살폈다. 아버지 로버트도 아내의 자리를 메우기 위해 노력했다. 그는 틈틈이 둘째 아들 찰스와 함께 꽃으로 장식된 정원에서 시간을 보내기를 좋아했다. 정원에 있는 일부 식물들은 찰스의 할아버지 에라스무스가 키우던 희귀종들이었다. 로버트는 아들 찰스에게 꽃에 대해 하나하나 설명해 주곤 했다.

로버트가 어린 찰스에게 물려준 것은 식물을 사랑하는 마음이었다. 찰스 다윈이 평생 꽃을 사랑했던 마음은 이처럼 어릴 때부터 시작된 것이다. 그는 일곱 살 때 이미 자신만의 정원을 가지고 있었고 그곳을 정성껏 가꾸었다.

십대 시절에 유쾌하고 행복한 기억을 간직할 수 있다면 이는 평생에 걸쳐 소중한 자산이 된다. 괴테는 어린 시절 유쾌한 성격의 어머니로부터 영향을 받아 재능과 영감을 지닌 소년으로 성장할 수 있었다. 비관적인 어머니 밑에서 자란 아이는 비관적인 인생관을 가질 수밖에 없다. 반면 낙천적인 성격의 어머니는 아이에게 긍정적이고 적극적인 인생관과 대인관계를 갖도록 도움을 준다. 어머니는 이처럼 아이의 성격과 인생관에 엄청난 영향을 미치는 존재이다.

찰스는 비록 일찍 어머니를 잃었지만 누이들의 배려와 외가인 웨지우드 가의 도움으로 구김살 없는 어린시절을 보낼 수 있었다. 그는 십대와 이십대 초반에 만끽했던 행복한 기억들을 평생 잊지 못했다.

어린 시절 찰스는 라틴어 등 고전 공부에는 별로 흥미를 느끼지 못했다. 그의 관심은 자연사에 쏠려 있었다. 아버지가 틈틈이 가르쳐준 동식물에 대한 이야기들이 자연스럽게 그의 주된 관심사가 되었다. 찰스는 당시 화제가 된 길버트 화이트의 『셀본의 자연사』를 읽으면서 큰 감동을 받았다.

찰스는 십대에 이미 대자연 속으로 여행을 떠나기를 좋아했다. 어린 시절의 여행은 한 사람의 운명을 바꿔놓을 수 있을 만큼 큰 영향을 준다. 그는 열한 살 때 형과 함께 유명한 폭포를 보기 위해 64킬로미터나 되는 거리를 말을 타고 가기도 했다. 또 웨지우드 가의 외사촌들과 함께 북부 웨일스 지방을 횡단했으며, 메나이 해협에 세워진 거대한 다리를 보기 위해 10일간의 일정으로 400킬로미터를 달려가기도 했다.

찰스는 명문가들의 취미로 통하는 사냥도 즐겼다. 그러나 아버지는 찰스가 사냥에 열중해 있는 것이 못마땅했다. 혹시라도 게으른 사냥광이 되지 않을까 우려했기 때문이다. 혹시 자신의 많은 재산 때문에 어린 찰스가 열심히 일하지 않아도 평생 살 수 있을 거라고 생각하게 될까봐 늘 경계했다. 아버지의 재산이 아들을 게으르고 나태하게 만드는 것을 그는 결코 원하지 않았다.

그는 아들이 무엇이 되어야 하는지를 신중하게 고민했다. 의사인 아버지는 아들이 의사라는 직업에 얼마나 재능이 있는지를 열여섯 살이 되던 해에 시험해 보기로 했다. 왕진을 따라나섰던 찰스에게 아버지는 환자 몇 명을 맡겨보았다. 찰스는 어릴 때부터 아버지를 따라다녀서인지 환자 다루는 솜씨가 보통이 아니었다. 아버지는 이를 계기로 아들을 훌륭한 의사로 만들어야겠다고 결심한다. 마침 찰스의 형 에라스무스(할아버지의 이름을 따서 지었다)도 이미 의사 시험을 준비하던 터였다. 찰스는 아버지의 결정이 자신에게 적합한지 확신이 들지 않았지만 일단 아버지의 권유에 따라 에딘버러 대학 의학과에 진학했다.

하지만 찰스는 아버지의 기대와 달리 갈수록 의학에 흥미를 느끼지 못했다. 당시에는 수술할 때 마취제를 사용하지 않았는데, 찰스는 이 광경이 너무도 끔찍해 의사에 대한 매력을 완전히 잃어버렸다고 한다. 반면 여행과 자연학에 관한 책들을 많이 읽었다. 특히 독서로 자연사에 대한 관심을 계속 발전시켜 나갔다. 의과 2학년에 올라갔지만 의학 공부는 뒷전이었다. 그는 자연사 연구에 심취한 학생들의 학회 모임에 적극적으로 참여했다.

그런 아들을 바라보는 아버지의 고민은 점점 깊어만 갔다. 결국 아버지는 아들에게 의학을 포기하고 목사가 될 것을 권유했다. 당시에는 곤충을 수집하는 목사들이 많았던 터라 자연사에 관심이 많은 찰스의 적성을 살리면서 직업인으로 살기에는 목사가 안성맞춤이라고 판단한 것이다. 자연학자로는 생계를 유지하기 힘들었기 때문에 목사라는 직업이 필요했다. 찰스는 아버지의 뜻을 받아들여 열아홉 살에 케임브리지 대학 신학과로 옮겼다.

두 신부과학자와의 만남이 인생의 전환점을 만들다

찰스는 케임브리지 대학에서 비슷한 취미를 가진 친구를 만나면서 인생의 전환점을 마련한다. 이 대학의 교수이자 식물학자인 존 스티븐스 헨슬로와 지질학자인 애덤 세지윅을 만나 이들에게 동식물에 관해 많은 것을 배우면서 자연과학자라는 새로운 인생의 목표를 발견하게 된 것이다.

빌 게이츠가 폴 앨런과 스티브 발머라는 두 명의 친구를 중·고등학교와 대학교에서 만나 컴퓨터 황제가 된 것처럼, 다윈은 대학에서 두 명의 신부과학자를 만나 진화론을 연구하는 데 결정적인 도움을 받게 된다.

더욱이 헨슬로는 찰스에게 세계를 항해할 수 있는 기회를 제공하면서 그의 삶에 결정적인 역할을 한다. 당시 영국 군함 비글 호가 해안 조사를 위해 태평양과 인도양을 항해했는데, 여기에 승선해 자연 관찰을 해달라는 제안이었다. 찰스는 5년 동안 항해하면서 진화론을 규명할 역사적인 단서를 얻게 된다.

찰스 다윈을 목사로 만들 생각이었던 아버지는 처음에 아들의 여행을 극구 반대했지만 여행이 과학적인 발견과 접목될 수 있을 거라 판단하고 이를 허락했다. 이때 외삼촌이 아버지를 설득하는 데 큰 역할을 했다. 어린 시절부터 후원자 역할을 해주었던 외삼촌이 다시 한 번 도움을 준 것이다.

다윈은 시간 관리를 철저히 한 것으로도 유명하다. 다윈이 진화론을 완성할 수 있었던 데는 시간 관리 습관이 한몫했다. 그는 아버지를 닮아 재테크에도 소질이 있었지만 시간을 아끼는 시테크에도 뛰어났다. 허약한 체질로 인해 쓸데없는 시간과 체력을 낭비하지 않기 위해서였다. 그래서 그는 일과표를 시간 단위로 철저하게 짰다.

7시 45분 아침을 먹는다.

8시~9시 30분 최상의 작업 시간.

9시 30분~10시 30분 우편물을 점검하고
편지에 답장 쓰기. 우리나라의
다산 정약용이나 퇴계 이황처럼
편지 쓰기도 그의 취미 중 하나였다.

10시 30분~12시 작업과 산책,
점심식사. 다시 편지 쓰기.

15시 휴식.

16시 산책. 오후 4시의 산책은
아이들이 시간을 알아맞힐 정도로
규칙적이었다고 아들 프랜시스는
회고한다.

철저한 관리로 시간과 체력을 낭비하지 않는다.

16시 30분~17시 30분 작업.

17시 30분~18시 휴식.

18시 소설 낭독 경청. 그는 누군가가 소설 한 단락을 읽어주는 것을 가장 좋아했다.

19시 30분 저녁식사. 아내 엠마와 장기를 두거나 소설을 읽고 피아노 연주를 듣는다.

22시 30분 취침.

아버지로서의 찰스 다윈은 어떤 사람일까? 찰스는 자신이 어린 시절 부모와 가족들의 도움으로 좋은 추억을 간직할 수 있었던 것처럼 자녀들에게도 다정하고 재미있는 아버지가 되고자 노력했다.

다윈의 자서전을 펴낸 아들 프랜시스는 "아버지는 애정으로 가득한 가부장적인 분위기를 이끌었다"고 회고한다. 가장으로서의 권위를 지켰지만 사랑으로 가정을 이끌었다는 말이다. 또 "아버지는 평생토록 어느 자식에게든 험한 말은 단 한마디도 하지 않았다. 나는 우리들이 아버지를 거역하려는 생각을 품은 적이 단 한 번도 없었다고 확신한다"고 기록했다. 다윈은 허약 체질로 질병에 시달리면서도 자녀들에게 항상 쾌활함을 심어주려고 노력했다.

찰스는 아이들과 함께 놀 때 가장 행복했다고 한다. 자녀들 가운데 아들 프랜시스는 아버지의 자서전을 출간하면서 「아버지의 일상에 대한 기억」을 첨부했고, 또 그의 딸은 어머니 엠마의 서간집을 두 권이나 펴냈다.

다윈에게 아내 엠마는 그야말로 복덩이리 같은 존재였다. 다윈은 그의 자서전에서 "아내는 내게 어머니와 같이 가장 큰 축복이었고, 살아 있는 동안 단 한 번도 내게 서운한 말을 건넨 적이 없다. 언제나 애정을 가지고 나를 대해주었으며, 아프거나 불편하다는 내 불평을 한없는 인내로 받아주었다"고 적어놓았다.

엠마는 열 명의 자녀를 낳아 기르면서 가까이 있는 어느 누구에게나 친절을 베풀었다. 가족들에게 그녀는 현명한 조언자인 동시에 위안을 주는 사람이었다. 엠마의 이런 성격은 남편 다윈뿐만 아니라 자녀들에게 큰 영향을 주었다.

3대에 걸쳐 진화론을 연구한 가문의 저력

다윈 가문이 진화론에 관심을 가질 수 있었던 것은 에라스무스의 자유주의적 성향에서 비롯된다. 지금도 그렇지만 기독교에서는 하느님이 인류를 만들었다는 창조론에 따라, 인류가 자연에서 진화해 왔다는 진화론에는 동조하지 않는다.

에라스무스는 당시 국교가 기독교였는데도 기독교를 믿지 않았다. 그리고 노예주의를 반대하며 미국의 독립운동과 프랑스 혁명의 열렬한 지지자였다. 시인이기도 했던 그는 자주 자신의 의견이나 과학적인 관념들을 시로 기록하곤 했다. 그는 1분도 헛되이 보내지 않는 습관을 지닌 탓에 자신의 마차를 마치 서재처럼 꾸며놓고 이동중에도 쉬지 않고 글을 썼다. 이런 습관 덕분에 그는 엄청나게 많은 저작을 남길 수 있었다. 시간 관리 습관은 앞에서 살펴본 것처럼 손자인 찰스에게서도 발견된다.

에라스무스가 주장한 진화론은 당연히 기독교계의 강한 반발을 샀다. 기독교는 창조주인 하느님이 인간을 만들었다는 창조론을 바탕으로 하는데, 진화론은 한 생명체에서 서서히 진화하고 분화해 인간이 되었다는 이론을 주장하기 때문이다. 당시까지만 해도 유럽 사람들은 성경에 쓰인 모든 단어를 글자 그대로 진리라고 생각했기에 그의 주장은 이단적일 수밖에 없었다.

에라스무스가 처음으로 진화에 관한 관념을 피력했을 때가 1770년이다. 그는 자신이 타고 다니던 마차에 라틴어로 "E Conchis omnia"를 붙이고 다녔다. "모든 것은 조개로부터 왔다"는 뜻이다. 만물이 조개로부터 탄생했다는 의미로 진화론을 처음으로 제기한 것이지만, 그는 진화론을 공개적으로 밝힐 수 없어 마차에 살짝 그려넣고 다녔던 것이다. 그러다 혹시 부자들이 이를 알아챌까봐 이를 지우고 책의 표지에다 새겨넣었다. 부자들은 대부분 기독교도들이어서 창조주인 하느님이 인간을 만든 것이 아니라, 조개에서 만물이 탄생했다고 말한다면 경악할 일이었기 때문이다. 그렇게 되면 의사로서의 직업에도 치명적인 해악을 미칠 게 뻔했다. 하느님을 불신하는 그에게 누가 치료를 받으려 하겠는가.

에라스무스는 1794년에야 비로소 의료와 진화론에 관한 연구서인 『주노미아』를 출간했다. 이것이 바로 그의 손자가 1859년에 출간한 『종의 기원』보다 65년 앞서 진화가설을 제기한 책이다. 이 저술은 당시 영국뿐만 아니라 미국에서도 출판되었고 독일어, 프랑스어, 이탈리아어로 번역되었다. 에라스무스는 "지금 존재하는 모든 동식물은 원시의 바다에서 자연적인 생명력에 의해 발생한, 극도로 미세한 현미경적인 존재들로부터 기원했다"고 주장했다.

찰스는 열여덟 살 때 할아버지가 쓴 『주노미아』를 읽고 크게 감탄했다. 그리고 스물여덟 살이 되던 해, 노트에 자기 생각들을 기록하면서 자기가 할아버지를 이어 진화론을 연구하겠다고 결심했다.

따라서 진화론은 찰스 다윈의 업적이기도 하지만 엄밀하게 말하자면 할아버지에 이어 3대에 걸친 가문의 합작품이라고도 할 수 있다. 또한 우생학이라는 용어를 만들어낸 프랜시스 갈턴의 어머니는 다름 아닌 에라스무스의 딸이기도 하다. 갈턴은 1859년 그의 외사촌 형인 찰스 다윈이 발표한 『종의 기원』을 보고, 그의 이론에 매료되어 본격적인 우생학 연구를 시작한 것으로 알려졌다.

부자 아빠, 아들에게 학문의 길을 열어주다

결혼은 사랑하는 사람과 함께 살 수 있는 기회를 제공하지만 모든 남녀에게 제약을 안겨주기도 한다. 남자는 자신이 하고 싶은 일을 하지 못할 수도 있다. 아내와 아이를 부양하기 위해 생업으로 내몰리기 때문이다. 연구를 하는 학자들은 연구에 전념하지 못하고 생계 걱정을 해야 한다.

찰스 다윈도 결혼을 하기 전에 이러한 문제에 부딪혔다. 자연에 대한 실험과 관찰을 계속하자면 결혼은 걸림돌이었다. 그때 다윈은 결혼에 대해 이렇게 메모했다.

"결혼을 한다면 돈벌이를 할 생각을 해야 한다. 돈벌이를 위해 런던에 살아서 좋은 점은 사교 모임밖에 없다. 전원도 없고, 여행도 할 수 없고, 동물학 관련 수집도 많이 할 수 없고, 책도 못 읽는다. 케임브리지 대학 교수직은 지질학이나 동물학 중에서 선택해야겠지. 내가 어느 정도 부자라면 런던에서 꽤 큰 집을 구해 B처럼 살겠다. 아이들까지 키우면서 가난하게 살 수 있을까? 아니다. 그러면 런던 근교 어디서 산단 말인가. 그게 더 낫지만, 과학과 가난이라는 큰 장벽이 있다. 그렇다면 케임브리지가 낫겠군. 하지만 교수직 없이 가난하게 사는 꼴은 물 밖에 나온 고기 같을 텐데. 그러면 케임브리지 대학의 교수직을 얻어서 시간을 잘 활용해야 한다. 또 일하고 남는 시간에 연구를 해야 한다. 내 운명은 케임브리지 대학 교수 아니면 런던 외곽의 조그만 땅을 차지한 가난뱅이. 일은 하는 데까지 하면서."

부자 아빠를 둔 찰스 다윈도 결혼하기에 앞서, 결혼을 하면 어떻게 살아야 하는가에 대해 심각한 고민에 빠졌다. 연구와 생업을 병행하기란 예나 지금이나 어렵기는 마찬가지인 모양이다. 그 역시 결혼해 독립할 경우 아이를 키우고 가족을 부양하기 위해서는 교수직을 얻어야 한다는 결론에 이른다. 그렇게 되면 연구에 전념할 수 없다는 것이 다윈의 가장 큰 걱정이었다.

찰스 다윈이 5년 동안의 항해에서 돌아온 것은 스물여덟 살인 1837년이다. 다윈은 이때부터 『종의 기원』에 관해 쓰기 시작했다. 그렇지만 연구를 계속하기 위해서는 결혼을 미뤄야 했다. 결혼을 하면 장기간 여행을 할 수 없을뿐더러, 생계비를 벌기 위해 대학교수 같은 직업을 구하든지 근검절약하며 근근이 살아가야 했기 때문이다.

고민 끝에 찰스는 아버지에게 결혼 문제를 털어놓았다. 그러자 아버지는 매년 수입이 1만 파운드이고 재산이 10만 파운드가 된다면서 전폭적으로 후원해 주겠다고 말했다. 재력가인 아버지의 도움으로 그는 평생 돈 걱정 없이 연구에만 매진할 수 있었다. 결국 연구를 시작한 지 20년 만인 쉰 살에 찰스 다윈은 세계사를 뒤흔들 만한 걸출한 연구 성과를 내놓을 수 있었다. 그런 점에서 찰스는 행복한 사람이었다.

여기서 우리가 새겨보아야 할 교훈은 돈에 대한 활용이다. 대부분의 사람들은 돈을 어디에 어떻게 쓸 것인가는 생각하지 않고 오직 모으는 데만 열중한다. 그래서 가족끼리 재산 싸움을 벌이기도 한다. 이는 돈을 왜 모으는지에 대한 뚜렷한 목적이 없었기 때문이다. 자녀교육을 제대로 하지 않으면 돈은 오히려 가문을 해치는 악이 된다. 앞서 살펴본 존 도너번의 부자지간처럼 심한 경우 가족들끼리 난투극을 넘어 살인까지 행할 수도 있다.

다윈 가의 경우에는 로버트가 의사로 성공하면서 막대한 재산을 축적했다. 많은 재산은 자칫 아들인 찰스 다윈이 사냥이나 즐기면서 인생의 목표를 상실한 채 게으름뱅이로 살게 했을지도 모른다. 다윈도 그의 자서전에서 아버지가 '여유 있게 생활해 나갈 만큼 재산을 물려주실 것'이라는 생각을 십대 때부터 했다고 고백한 바 있다. 그가 끝까지 의학 공부에 전념하지 않은 이유 중의 하나도 아버지가 부자인데 굳이 힘들게 의학을 공부하지 않아도 된다는 계산이 깔려 있었을 것이다.

의과대학에 진학하면 대부분 경제적으로 여유 있는 삶을 살 수 있다. 만일 다윈이 가난한 집안 출신이었다면 그는 적성에 맞지 않아도 의학 공부를 계속했을 것이다.

결과적으로 찰스와 아버지 로버트는 돈 문제로 부자간에 분란을 일으키지 않았다. 아버지는 의사직과 재테크를 통해 모아둔 돈을 아들이 연구에 전념하게끔 전폭적으로 후원함으로써 가문뿐만 아니라 세계사에 족적을 남길 진화론 연구의 후원자 역할을 톡톡히 한 셈이다. 로버트는 재력가인 아버지가 자녀를 위해 어떻게 돈을 쓸 수 있을까에 대한 하나의 가이드라인을 제시했다고도 볼 수 있다.

그렇다고 부자 아빠들이 모두 다윈의 아버지처럼 할 수 있는 것은 아니다. 돈을 쌓아놓고도 자녀들에게 무관심한 부모들은 얼마든지 많다. 발명왕으로 갑부가 된 에디슨은 자녀교육을 제대로 하지 않아 세 자녀 모두 가난뱅이로 살아야 했다. 또 20세기 최고의 화가이자 억만장자였던 피카소 역시 화가였던 아버지가 자신을 위대한 화가로 만드는 데 헌신했지만, 아버지의 성을 버리고 어머니의 성(피카소)을 따르면서 결국 아버지를 배신했다. 더욱이 여성 편력(일곱 명의 여성과 동거)이 심했던 그는 아들과 손자들을 방치해 장남은 알코올 중독으로 자살하고 손자도 자살로 생을 마감하는 비운의 가정으로 만들었다.

반면 찰스 다윈은 자기 인생의 멘토였고 후원자가 되어준 아버지 로버트에 대해 평생 존경과 애정을 담아 이야기했다. 다윈의 진화론은 할아버지와 부자 아빠의 후원 등 3대의 합작품으로 탄생한 것이라고 해도 과언이 아니다.

명문가에게 배운다·7

대대로 헌신할 수 있는 가업을 만들어라

 다윈 가문이 진화론의 결실을 맺을 수 있었던 것은 대를 거듭하면서 진화론 연구를 진행했기 때문이다. 할아버지 에라스무스가 진화론 연구에 첫 깃발을 들었다. 시인이자 과학자이자 명의였던 할아버지는 무엇보다 후손들에게 자연과학에 매진할 수 있는 길을 열어주었다.

 에라스무스의 아들 로버트는 가업인 의사직을 되물림했으며 특히 재산을 축적하는 데 남다른 자질을 보였다. 로버트가 축적한 재산은 찰스 다윈이 평생 생계에 신경 쓰지 않고 연구에 매진하도록 하는 데 사용했다. 할아버지가 시작한 진화론 연구는 아버지가 가교가 되어 마침내 찰스에 이르러 빛을 보게 된 것이다. 진화론은 당시 서구사회에서는 지동설을 주장한 코페르니쿠스와 갈릴레이처럼 획기적인 주장이었다.

 재미있는 것은 지동설을 주장했던 갈릴레오 갈릴레이도 든든한 후원자가 있었다는 사실이다. 피렌체의 명문가인 메디치 가가 그를 전속학자로 모셔온 덕에 갈릴레이는 연구를 계속할 수 있었다. 세계적 대문호인 괴테도 바이마르 영주인 아우구스트 공작이 평생 후원자가 되었기에 마음놓고 일생을 창작에 몰두했고, 다윈 역시 부자 아빠의 후원이 있었기에 진화론을 완성할 수 있었다.

에라스무스―로버트―찰스 3대가 진화론을 세상에 알렸다면 다윈의 아들과 손자를 비롯한 다윈 가의 후손들은 다윈과 공동 연구를 하거나 그의 자서전과 회고록을 세상에 알리는 역할을 했다. 다윈은 6남 4녀를 두었는데, 그중 세 명은 경Lord의 칭호를 받을 정도로 존경을 받았다.

차남인 조지 다윈은 변호사 자격을 얻었으나 변호사로 일하지 않고, 천문학을 전공해 케임브리지 대학의 교수가 되었다. 조지는 태양계의 진화에 관심을 가졌다. 그의 아버지가 인류의 진화를 규명했다면, 아들은 우주의 진화를 밝혀내고자 노력했다. 또 아들 프란시스는 공동 연구를 통해 『식물의 운동력』을 출간하기도 했다.

다윈은 자신이 세상을 떠나기 전 6년 동안 자신의 파란만장한 삶의 과정을 기록으로 남겼나. 그런데 그의 자시진은 생전에 출간되지 못하고 그가 죽은 지 5년이 지난 1887년에야 세상의 빛을 볼 수 있었다. 그렇지만 자서전인 『찰스 다윈의 삶과 편지들』은 다윈이 쓴 내용을 모두 담지 못하고 일부분만 출간했다. 이는 다윈의 진화론이 기독교의 창조론을 부정해 종교적 믿음에 위배된다고 생각했던 당시의 사회적 정황 탓이었다.

다윈의 자서전은 그가 죽은 지 77년 후인 1959년 다윈의 손녀 딸인 로라 발로우에 의해 삭제되지 않고 온전하게 출간되었다. 이 책에서 비로소 다윈이 직접 쓴 삶의 기록을 생생하게 접할 수 있게 된 것이다.

갈릴레오 갈릴레이는 로마교황청에 맞서 천동설의 오류를 주장했지만 교황청에 불려가 조사를 당하자 자신의 주장이 잘못됐다며 철회했다. 이만큼 기독교와의 대립은 자칫 생명을 앗아갈 수도 있는 위험한 행동이었다. 기독교의 창조론을 부정한 다윈의 진화론도 이러한 이유 때문에 자서전마저 제대로 나올 수 없었다.

찰스 다윈의 외가이자 처가인 웨지우드 가도 다윈 가 못지않은 도자기의 명가로 정평이 나 있다. 250년 전통의 세계적인 명성을 누리는 웨지우드 가는 1759년 도예공의 아들인 조지아 웨지우드가 도자기 회사를 창업하면서 이름을 얻기 시작했다. 특히 로마 신화의 내용을 양각문양으로 새긴 코발트 빛의 제스퍼Jasper로 유명하다. 또 1812년에는 중국산 점토를 원료로 본 차이나Bone China를 개발해 세계적인 명성을 얻었다.

웨지우드의 대표작 중 하나는 크림웨어Cream Ware다. 웨지우드는 크림웨어 차 세트를 만들어 1762년 조지아 3세의 부인인 샬롯 왕비에게 보내 찬사를 받았다. 그때부터 이 제품은 '여왕의 도자기'로 불리며 영국 도자기의 자존심이 되었다.

현재 웨지우드의 총 직원 수는 6,000여 명으로 영국 도자기 생산의 25퍼센트를 차지하고 있으며, 창립자 조지아 웨지우드의 7대 후손인 피어스 웨지우드가 이 회사의 명예대표로 있다.

다윈 가가 진화론과 자연학을 가업으로 이어오면서 장인정신을 발휘하고 있다면, 웨지우드 가는 도자기를 가업으로 삼아 장인정신을 이어오고 있다.

8 인도의 교육 명문가_ 타고르 가
'왕따'를 노벨상 수상자로 만든 아버지의 지혜

타고르 가의 자녀교육 10훈
자녀가 학교에 잘 적응하지 못해 고민하는 부모들에게

1_ 집 안에 문화의 향기가 가득 차게 한다.
2_ 독서를 통해 학교에서 배우지 못한 것을 보완해 준다.
3_ 학교에 적응하지 못할 경우에는 대안 교육을 찾는다.
4_ 가정교사를 두고 재능을 다양하게 계발해 준다.
5_ 아이에게 지갑을 맡기면서 경제교육을 한다.
6_ 다른 종교에 대한 편견을 없애준다.
7_ 부자가 되면 문화예술을 후원한다.
8_ 자녀와 함께 대자연 속에서 여행하며 상상력을 키워준다.
9_ 여행을 가서도 마냥 놀게 하지 말고 계획을 세워 가르친다.
10_ 음악과 미술은 어릴 때부터 자주 접하게 한다.

어릴 때부터
음악과 대자연을 접하게 하라

돈을 벌어 문화예술을 후원한 캘커타의 부잣집

동방의 등불

일찍이 아시아의 황금 시기에

빛나던 등불의 하나였던 코리아,

그 등불 다시 한 번 켜지는 날에

너는 동방의 밝은 빛이 되리라.

(……)

내 마음의 조국 코리아여 깨어나소서.

타고르 가문은 이 한 편의 시로 외국의 어느 가문보다 우리나라 사람들에게 친숙하다. 타고르(1861~1941)의 이 시는 일제 식민지였던 1929년 4월 30일자 「동아일보」에 실린 것이다. 당시 일본을 방문중

이던 타고르는 한국 방문 요청을 받았지만, 너무 피로한 나머지 요구를 들어줄 수 없었다. 대신 시를 써서 일제 치하에서 신음하던 우리 민족에게 용기와 희망을 불어넣어주었다. 그래서인지 이 시를 읽으면 한국인의 자부심과 자긍심이 다시 한 번 용솟음친다. 더욱이 마지막 시어는 가슴 뭉클한 감동을 주기에 충분하다. 그는 코리아를 마음속의 조국이라고 부르면서 식민지의 신음에서 해방되기를 염원하고 있다. 당시 인도도 영국의 통치를 받고 있던 터라 한국과 인도는 동병상련의 처지였다.

타고르는 인도 전통 명문가의 후손이다. 인도는 신분을 구분하는 카스트 제도(브라만-크샤트리아-바이샤-수드라의 4단계로 계급이 나뉜다)가 엄격했고, 지금도 헌법에서는 인정하지 않지만 현실에서는 강력한 영향력을 행사하고 있다. 인도에서는 브라만 계급에 속하지 못하면 사회적으로 성공해도 존경받지 못한다.

타고르 가문은 이탈리아의 메디치 가문처럼 재력을 가진 양반계급이었다. 타고르 가는 재력을 바탕으로 예술을 후원했을 뿐만 아니라 대학을 세워 학문을 일으켰다. 그야말로 존경받는 부자의 모범을 보인 것이다. 메디치 가문 역시 15세기에서 18세기 초반까지 300여 년 동안 피렌체를 다스렸을 뿐만 아니라 예술인들을 지원해 이탈리아 르네상스를 열었다.

타고르 집안은 대대로 정치가와 예술가를 배출한 명문가였지만 막대한 재물을 바탕으로 문화예술가들을 지원하는 후원자로 더 높은 명성을 얻었다. 벵골 힌두왕국의 5대 명문가들 중 하나였던 타고르 가는 한때 이슬람 주지사를 도왔다는 이유로 정통 힌두교도들로부터 탄압을 받았으며 급기야 브라만 계급을 박탈당했다. 타고르 가는 이로 인해 캘커타로 이주하게 된다.

가문의 일대 위기를 경험한 타고르 가는 1790년대 당시 어촌이었던 캘커타가 번성하기 시작하면서 다시 일어설 수 있었다. 타고르 가는 상업을 하면서 막대한 재산을 모았는데, 그가 바로 타고르의 할아버지인 판차난 타쿠르였다.

대다수의 명문가에는 가문을 일으키고 초석을 쌓은 큰 인물들이 있기 마련이다. 우리나라 명문가들에도 퇴계 이황, 청계 김진, 명재 윤증 등 학문에 힘쓰면서 자녀교육에 앞장선 사람들이 있었다. 그 후손들은 선대가 남긴 원칙을 대대로 지키고 발전시키면서 500여 년에 걸쳐 명문가의 명맥을 유지해 왔다. 타고르 가도 그의 할아버지가 상업을 통해 막대한 재산을 모으면서 가문이 다시 일어설 수 있는 토대를 마련한 것이다.

판차난 타쿠르는 영국 등과 무역 거래를 하면서 외국인들을 자주 만났다. 이들은 '미스터 타쿠르Takur'의 발음이 정확하지 않아 대신 '미스터 타고르Tagore'라고 불렀는데, 그것이 그냥 성으로 굳어졌단다.

타고르 가는 3대에 걸친 노력과 헌신으로 명문가로 재도약할 수 있었다. 대부호였던 타고르의 할아버지는 자선활동뿐만 아니라 캘커타 국립도서관과 캘커타 주립대학을 세우고, 캘커타 최초의 병원을 비롯해 의과대학 설립에도 앞장섰다. 현재 이 대학은 인도 의학

교육의 중심 역할을 하고 있다.

판차난 타고르의 장남이 타고르의 아버지 데벤드라나드이다. 그는 사회개혁가이자 종교개혁가로 '위대한 성인'으로 불렸다. 그는 사업가로서뿐만 아니라 문화예술의 후원에도 앞장서 캘커타에 르네상스를 연 주인공이기도 하다. 타고르 가의 응접실에는 늘 시인과 학자, 종교개혁가, 철학자, 음악가 무용가, 화가와 천재들이 몰려들었다. 음악가들도 자주 초대되어 연주회도 끊이질 않았다. 이러한 집안 분위기에서 자란 타고르는 나중에 정치가로서뿐만 아니라 예술가와 문학가로서도 다방면에 재능을 발휘하며 우뚝 설 수 있었다. 타고르의 경우에서도 알 수 있듯이 어릴 때 어떤 환경에서 자녀를 자라게 하는가가 아이의 미래를 결정 짓는 중요한 요소로 작용한다.

타고르의 형제들은 무려 14남매였고 타고르는 그중 막내였다. 우연인지는 몰라도 막내 가운데 유독 위대한 인물들이 많다. 퇴계 이황은 8남매 중 막내였고, 발렌베리 그룹을 일군 안드레 발렌베리 역시 막내였다. 300년 가까이 음악 명문가를 이룬 바하도 8남매 중 막내다.

혹독할 정도로 과외를 받은 어린 시절

타고르는 여덟 살에 노트 한 권을 마련해 시를 썼다. 아이들이 다들 그렇지만 주변에서 재능이 있다고 칭찬을 해주면 더 신이 나기 마련이다. 그래서 부모나 주변 사람들의 칭찬은 아이들의 재능을 키워주는 보약과도 같다. 또 칭찬을 듣고 자란 아이는 남을 비판하기보다 감싸줄 줄 아는 아이로 성장한다. 아이가 칭찬이란 보약을 먹으면 능력 이상으로 재능을 키워갈 수 있다. 타고르도 예외는 아니었다.

타고르는 일곱 살도 되기 전에 당시 명문가들이 그랬듯이 가정교사를 두고 공부했다. 그래서 그의 어린 시절은 혹독할 정도로 하루하루가 힘든 나날들이었다. 요즘 아이들이 과외 등으로 스트레스에 시달리는 것보다 더 심했다고 보면 된다. 타고르의 하루 일과는 가정교사들에 의해 빡빡하게 짜여져 있었다.

일곱 살에 불과한 어린 타고르는 아침부터 레슬링을 배우면서 하루를 시작했다. 운동이 끝나면 의과대학 학생으로부터 골격학을 배우며 라틴어를 익혔다. 어린 시절에 영문도 모른 채 골격학을 배운 타고르는 나중에 해골에 대한 기억을 토대로 단편소설을 쓰기도 했다. 운동과 골격 공부는 7시 전에 모두 마쳤다. 그리고 7시부터는 가정교사로부터 수학과 자연과학을 배웠다. 수학은 예나 지금이나 아이들에게 힘든 과목이어서 타고르 역시 산수 문제와 씨름해야 했다. 9시 30분에 아침식사를 하고 10시에 등교했다. 말하자면 학교 가기 전에 이미 요즘 아이들이 방과 후에 하는 학원 공부를 다 한 셈이다.

그렇다고 방과 후에 그냥 놀게 내버려둔 것은 아니다. 오후 4시 30분에 학교에서 돌아오면 체조 교사에게서 체조를 배워야 했는데,

무려 한 시간 반 동안 평행봉 훈련을 받았다. 저녁식사 전에는 그림 수업을 받았고, 저녁식사 후에도 영어 수업이 남아 있었다.

어린 타고르는 매일 파김치가 될 정도로 강행군을 해야 잠자리에 들 수 있었다고 한다. 타고르는 영어와 수학, 자연과학뿐만 아니라 미술, 심지어 체력 단련을 위해 레슬링과 체조까지 해야 했다. 타고르는 졸음을 이기며 공부하면서도 연습장에 틈틈이 시를 적으며 스트레스를 풀었다고 한다. 시가 어린 타고르에게는 고단한 공부 스트레스를 날려버리는 비장의 무기였던 셈이다.

우리 아이들에게는 컴퓨터 게임이 타고르처럼 스트레스를 풀어 주는 비장의 무기다. 중독될 정도로 빠져들면 안 되겠지만 어느 정도는 허용해 줘도 괜찮지 않을까. "머리가 지끈거리다가도 게임을 하면 금세 두통이 사라진다"는 어느 초등학생의 말처럼 요즘 아이들에게는 게임이 고단한 학업을 잊게 하는 두통약인 셈이다.

타고르는 학교생활에서 이내 좋지 않은 기억을 갖게 되었다. 그의 선생님은 늘 짜증을 내거나 신경질적이었고, 학생들을 편애하거나 불공평하게 대했다. 이러한 경험은 타고르가 아이들에게 즐거운 학교를 만들어주기 위해 평생 교육 문제에 심혈을 기울이게 된 계기가 되었다. 타고르가 경험한 학교에 대한 좋지 않은 추억이 오히려 인도 근대교육의 기틀을 마련하는 초석으로 작용한 것이다.

타고르는 학교에 적응하지 못하고 열네 살이 되던 해에 그만두고 만다. 그는 사립학교와 공립학교를 전전했으나 좀처럼 적응하지 못했고, 다시 영어를 사용하는 학교에 들어갔지만 끝내 자퇴를 했다. 아이들을 무시하는 교사들의 태도와 거친 학생들 탓에 더 이상 학교에 다닐 수 없었기 때문이다. 타고르는 열일곱 살에 영국으로 유학을 떠났지만 거기서도 잘 적응하지 못했다. 톨스토이와 마찬가지로 타고르 역시 평생 단 한 장의 졸업장도 받지 못했다. 그렇지만 이 두 사람은 결국 누구나 존경하는 큰 인물이 되었다.

학교를 다니는 대신 그는 독서를 통해 학교에서 배우는 것보다 더 많은 지식과 사상을 흡수했다. 십대 후반에 이미 셰익스피어를 비롯해 괴테, 단테, 바이런 등의 문학작품을 섭렵했다. 또한 산스크리트어 경전과 인도 시인들의 영감에 넘친 시들을 접하면서 학문의 심오한 깊이를 알아갔다.

학교 교육을 그만둔 타고르에게 가장 큰 영향을 준 사람은 다름 아닌 아버지였다. 타고르의 아버지는 당시 캘커타의 문화예술인들을 집으로 초청해 거의 매일 산스크리트어 경전과 철학, 과학을 주제로 토론을 벌였다. 응접실 한쪽에서는 인도의 전통음악이 연주되었다. 타고르 가의 응접실은 어린 타고르에게는 '살아 있는 학교' 그 자체였다.

이런 집안 분위기에서 자란 타고르는 시집 『기탄잘리』를 펴내 동양인 최초로 노벨문학상을 수상했으며, 그 외에도 소설, 단편, 희곡, 평론, 전기, 철학, 종교 등 다양한 분야의 책을 출간했다. 뮤지컬을 비롯해 2,000여 곡의 음악을 작곡하기도 했는데, 그중 600여 곡은 오늘날에도 인도와 방글라데시에서 애창되고 있다. 인도와 방글라데시의 국가는 타고르가 직접 작사, 작곡한 것이다. 또 그림에 대

한 열정도 남달라 수채화 3,000여 점을 남기기도 했다. 뿐만 아니라 근대과학 입문서인 『우주 입문』을 펴냈다. 그의 재능은 역사상 최고의 다재다능한 천재로 꼽히는 괴테를 연상시킨다.

왕따 아이를 변화시킨 아버지와의 히말라야 여행

어린 시절 타고르에게 가장 결정적인 영향을 미친 사건은 아버지와 떠난 히말라야 여행이었다. 무려 4개월 동안 아버지와 함께한 이 여행을 통해 타고르는 한층 성숙한 소년으로 바뀌었다.

타고르는 열한 살이 되던 해, 태어나서 처음으로 아버지와 함께 여행길에 올랐다. 이 여행은 열 살 전후의 아이들이 행하는 인도 전통의 성인식을 치르고, 이를 기념하기 위해서였다.

타고르 부자가 처음 도착한 곳은 샨티니케탄으로, 후일 타고르의 대안학교가 세워져 세계적으로 알려진 바로 그곳이다. 지금은 노벨상 수상자를 배출하는 등 세계적인 교육 도시로 자리잡았지만, 어린 타고르가 여행할 때는 궁벽한 시골 마을에 지나지 않았다.

아버지는 이미 샨티니케탄에 땅을 사둔 터였다. 타고르가 태어난 후 얼마 되지 않아 아버지는 캘커타에서 약 100마일 정도 떨어진 샨티니케탄의 친구 집으로 가던 도중 광활한 평원을 만나 그만 그 광경에 압도당하고 말았다. 그곳을 매입하기로 마음먹은 그는 결국 그 땅을 친구로부터 사들였다. 요즘처럼 단순히 땅투기를 하려고 한 것이 아니었다. 그가 보기에 그곳은 대자연 속에서 명상을 할 수 있는 최적의 장소였다. 우선 그는 그곳에 작은 집을 짓고 '평화의 집'이라고 이름을 붙였다.

아버지가 첫 여행지로 타고르를 데리고 샨티니케탄에 들른 것은 결코 우연이 아니었다. 아들을 위해 미리 계산된 여행이었다. 아버지는 먼저 아들에게 대자연의 한가운데서 우주의 신비와 무한한 상상력을 맛보게 했다. 그런 다음 산스크리트어나 영어로 된 문학작품을 읽게 했다. 그리고 밤하늘에 찬란한 별들이 빛나기 시작하면 아버지는 아들에게 우주의 신비로움 등 천문학에 관한 이야기를 들려주었다.

아버지는 여행지에서 아들에게 특별한 체험을 하게 했다. 자신의 아버지가 그랬듯이, 상인 집안의 후예답게 타고르가 돈에 대해 책임감을 갖도록 여행 경비를 관리하게 한 것이다. 아들에게 지갑을 맡기고 매일 지출 내역을 적게 함으로써 직접 실무경제를 익히게 했다. 실전 경험만큼 소중한 것은 없기 때문이다.

타고르 부자는 히말라야로 가는 도중에 시크교도의 성지에도 오래 머물렀다. 인도는 불교뿐만 아니라 힌두교의 발상지이다. 또 힌두교와 이슬람의 신비사상을 접목한 시크교의 발상지이기도 하다. 다양한 종교로 인해 종교 간 갈등이 심한 인도에서는 다른 종교에 대한 이해와 존중심이 무엇보다 중요하다. 다른 신을 존중하는 것은 갈등을 해결하는 중요한 방편이기 때문이다. 종교개혁가였던 타고르의 부친은 아들에게 시크교의 황금사원을 참배하고 때로는 신도들의 모임에 참석해 찬송가를 부르게 했는데, 이는 후일 타고르의 사상에 큰 영향을 주었다. 아이에게 종교에 대한 포용성을 갖게 해주는 것은 다른 사람을 배려하고 존중하게 하는 기본적인 덕목이라고 할 수 있다.

집을 떠나 한 달간 여행을 한 타고르 부자는 4월 초봄에 히말라야에 도착해 그곳에서 3개월을 보냈다. 해발 2,000미터 고지의 산장에는 작은 마을이 있었다. 그곳은 온통 히말라야 삼나무로 울창했고, 소년이 처음 보는 꽃들로 가득했다. 눈을 들어 하늘을 올려다보면 그곳에는 흰 눈에 덮인 히말라야 봉우리의 신비스런 모습이 눈앞에 다가왔다. 열한 살 소년은 대자연의 신비로움에 매료되어 절로 경탄의 감정이 일렁였다. 소년 타고르는 히말라야의 아름다움과 웅대함에 빠져들었고, 대자연의 감동을 만끽할 수 있었다.

그렇지만 아버지는 여행의 목적을 한시도 잊지 않았다. 소년에게 대자연의 신비와 경이로움을 호흡하게 하면서도, 아침이면 어김없이 일찍 일어나 공부하도록 시켰다. 대자연 속에서 뛰놀게 하면서도 교만이나 나태함, 게으름을 피우지 않게 가르친 것이다. 타고르는 아침에 일어나자마자 정신을 차린 후에 인도의 고대 언어인 산스크리트어 공부부터 시작했다.

이 공부가 끝나면 아버지와 아들은 아침 우유를 마셨다. 그리고 아버지는 기원전 1,000년 전에 산스크리트어로 씌어진 『우파니샤드』를 읽었다. 아버지가 낭송하면 소년은 음률을 들었다. 이어 태양이 떠오를 때쯤 아버지와 아들은 히말라야의 정기를 호흡하면서 아침 산책에 나섰다. 산책에서 돌아오면 아버지는 아들에게 다시 영어를 가르치고 히말라야의 눈을 녹인 찬물에 목욕을 하게 했다. 오후에도 수업을 진행하며 마냥 놀게 하지 않았다. 히말라야의 대자연으로 여행을 가서도 아버지는 자신의 교육 방침대로 아들을 가르친 것이다.

여행지에서도 영어와 종교 공부를 시키다

대자연을 체험하는 모험여행에 나서면서도 타고르의 아버지는 아들을 위해 치밀한 계획을 세우고, 여기에 맞춰 여행을 했다. 요즘 자녀들과 함께 세계일주에 나서는 일부 부모들은 여행만 즐기는 경우가 대부분이다. 해외여행을 하더라도 타고르의 아버지처럼 정해진 계획이나 원칙에 따라 공부하는 여행을 해보는 것이 좋지 않을까? 여행이나 모험의 경험만 강조하다 보면 단순한 여행으로 그칠 수도 있기 때문이다. 또 무리한 일정으로 심신이 지쳐 제대로 여행을 못 하는 경우도 있다.

아버지와 함께 대자연 속에 머문 4개월 동안의 모험여행은 소년 타고르에게 가장 행복한 나날들이었다. 특히 학교에 적응하지 못한 타고르에게 아버지는 최고의 스승이 되어주었다. 그는 아버지를 통해 학교에서 배워야 할 모든 것을 4개월간의 여행 기간 동안 전부 배울 수 있었다. 캘커타로 돌아온 소년 타고르는 더 이상 4개월 전의 소년이 아니었다. 이미 몰라보게 성숙해져 있었다.

캘커타에서 서부 히말라야까지는 11세 소년이 감당하기에 결코 쉬운 여행 코스는 아니었다. 19세기 후반에는 지금처럼 기차나 버스가 있는 것도 아니었고 비행기는 더군다나 생각조차 할 수 없었다. 험한 히말라야까지 아버지와 함께 여행을 다녀오는 것만으로도 소년에게는 더없이 소중한 경험이 되었을 것이다.

요즘도 도보로 전국 산하를 누비면서 극기 여행을 떠나는 사람들이 있는가 하면 초등학생대상의 국토순례 여행도 있다. 힘든 여행일수록 깨달음도 큰 법인데, 이런 여행을 다녀오면 아이들이 훌쩍 자라 있는 것을 볼 수 있다. 인내심과 책임감이 강해질 뿐만 아니라 단체 활동을 통해 다른 사람을 배려하는 마음가짐도 갖게 된다. 여행 도중 겪게 되는 갖가지 체험을 통해 자연스럽게 한 단계 성숙한 인간으로 변하는 것이다.

4개월 동안 아버지와 함께한 타고르의 모험여행은 훗날 그를 시인이자 사상가, 교육가로 만드는 밑거름이 되었다. 아버지에 대한 무한한 존경과 신뢰, 대자연에서 호흡한 경이로움, 아버지로부터 흡수한 지식에의 열정, 종교에 대한 이해와 인간에 대한 배려 등은 모두 이 여행에서 비롯되었다고 타고르는 훗날 회상했다.

아버지와 아이가 함께 미지의 세계로 여행을 떠나라. 그렇지만 단순한 여행이 아니라 자녀교육의 원칙을 가지고 목적 있는 여행을 떠나라는 말이다. 여유가 있다면 130여 년 전에 타고르 부자의 체취가 남아 있는 샨티니케탄이나 히말라야에 다녀오는 것도 괜찮겠다.

아버지의 자녀교육에 힘입어 타고르의 형제들은 대부분 자신만의 재능을 펼칠 수 있었다. 형제들은 각자 화가와 시인 혹은 음악가로서 두각을 나타냈다. 타고르의 큰형은 시인이자 음악가, 철학자, 수학자이면서 사상가로 타고르에게 많은 영향을 준 인물이다. 둘째 형은 인도 고등문관(고시)을 최초로 통과한 수재로 산스크리트 학자였으며, 다섯째 형은 음악가이자 시인, 극작가, 화가로 이름을 날렸다. 또 다섯째 누나는 음악가이자 벵골

여행과 대자연은 훌륭한 스승이 된단다.

최초의 여류 소설가였다.

　타고르는 자신의 가정에 대해 "우리 가정의 전체적인 분위기는 창조의 정신으로 충만해 있었다"고 회상했다. 그는 아버지와 함께 한 히말라야 모험여행을 통해 "거의 공상에서 비롯되었다 싶을 정도로 자연의 아름다움, 나무, 구름과 친해질 수 있었다"고 말했다. 유년 시절, 히말라야 여행에서 대자연이 불러일으킨 영감은 이후 그의 시 세계에 많은 영향을 미쳤고 노벨문학상의 영예를 가져다주었다.

　타고르 가문은 할아버지와 아버지에 이어 3대째 타고르라는 위대한 인물을 배출했다. 타고르는 인도에 근대교육을 뿌리내리게 했을 뿐 아니라 시인과 교육가로서도 크나큰 명성을 얻게 되었다. 현재 캘커타의 중심부에 있는 타고르의 저택은 라빈드라 바라띠대학교로 이용되고 있다.

아버지가 산 땅에 대학을 세우다

　캘커타에서 기차로 2시간 30분을 가면 볼푸르 역이 나온다. 이곳에 내려 다시 인력거(릭샤왈라)로 갈아타고 3.2킬로미터를 가면 샨티니케탄이다. 그곳에 바로 타고르가 교육의 이상을 실험한 교육공동체가 있다. 이미 100여 년 전에 타고르는 샨티니케탄에 우리나라의 '간디학교'와 같은 대안학교를 세워 자연과 어우러진 교육을 시작한 것이다.

타고르는 히말라야 여행에서 캘커타로 돌아온 후, 학교에 다시 입학했으나 6개월도 안 되어 그만두었다. 타고르의 아버지는 아들이 학교를 그만두겠다고 했을 때 아들을 조금도 나무라지 않았다. 사실 자신의 이런 경험 때문에 타고르는 다섯 자녀들을 학교에 보내고 싶지 않았다. 그는 먼저 시골 마을에 살면서 집에서 다섯 남매를 교육하기 시작했다. 자신의 경험에 비춰볼 때 학교보다 오히려 집에서 더 많은 지식과 영감을 얻었기 때문이다.

하지만 타고르의 자녀들은 아버지의 교육 방침에 잘 따라주지 않았다. 아이를 학교에 보내지 않고 가정에서 가르칠 경우, 아이들에게 만족스런 교육을 하기란 결코 쉽지 않다. 그래서 공자는 이미 2,500년 전에 자녀를 직접 가르치기보다 공부를 점검하고 조언해 주는 데 그쳤다. 타고르의 큰딸은 하루종일 책을 읽는 게 힘들다고 하소연했다. 또 4시간 동안 가정교사와 함께하는 영어 수업도 어렵고 공부가 너무 지루하다는 것이다. 아이들의 불만이 커지자 타고르는 아예 학교를 세울 결심을 하게 된다. 아버지의 수업에 감동이 없고 아이들이 지루해한다면 교육적 효과를 기대할 수 없다고 판단한 것이다.

그때 타고르의 아버지는 오래전에 사둔 샨티니케탄의 땅을 타고르에게 맡겼다. 타고르의 아버지는 자신이 꿈꿔 온 이상을 막내아들인 타고르가 이뤄낼 수 있으리라 판단하고 샨티니케탄을 이상적인 교육공동체로 가꿀 수 있도록 허락한 것이다. 타고르는 1901년 그곳에 학교를 세우고 그의 다섯 자녀를 비롯해 여러 명의 학생들을 가르치기 시작했다. 이 학교는 1921년에 비슈바바라티 대학교로 이름을 바꿔 동양과 서양의 문화를 연구하는 대학으로 발전했다. 그리고 현재 이곳은 유치원부터 국립대학까지 갖춘 세계적인 교육 도시로 각광받고 있다.

특히 노벨상 수상자를 두 명이나 배출한 도시로도 명성이 높다. 타고르가 노벨문학상을 받은 데 이어 빈곤 문제로 아마르티아 센 Amartya Sen 영국 케임브리지 대학 교수가 1998년에 노벨경제학상을 받은 것이다. 1913년 타고르가 동양인 최초로 노벨문학상을 수상했고, 아마티야 센은 비서양인 최초의 노벨경제학 수상자라는 기록을 갖고 있다. 또 창조적 작품활동을 하는 수많은 영화감독과 예술가들이 이곳 출신이다.

오늘날 교육이 단순히 획일적인 인간보다 창의적인 인간을 원한다고 볼 때, 자연 속에서 자유롭게 배우며 상상력을 키우는 샨티니케탄은 그 어느 곳보다 경쟁력을 가진 도시라고 말할 수 있다. 아이들은 규제보다 자유로운 분위기를 더 좋아한다. 억압하는 분위기가 아니라 상상력을 자극하는 분위기에서 아이들은 더욱 성숙하는 것이다.

아이의 성적이 고민된다면, 샨티니케탄을 생각해 보자. 오늘날 우리나라의 교육은 이미 병들 대로 병들어 있다. 그래서 이민을 떠나기도 하고 대안학교를 찾기도 한다. 만일 그렇지 않은 경우라면, 부모들의 자녀교육에 대한 원칙이 확고해야 한다. 아이에게 상상력을 키워주면서 지식을 풍부하게 하는 교육 방법을 택해야 하기 때문이다.

원칙만 있다면 아이가 입시나 성적 지옥에서 벗어나 독서와 다양한 체험을 통해 재능을 키워 나갈 수 있다. 아이들의 성적이 뒤처져 고민에 빠져 있는 부모라면 한 번쯤 노벨상을 두 명이나 배출한 샨티니케탄의 자연학교를 떠올려보자. 그곳에 해법이 있을지도 모를 일이다.

명문가에게 배운다·8

부모와 자녀가 함께 모험여행을 떠나라

여행은 새로운 만남의 기회를 준다. 미지의 사람들뿐만 아니라 낯선 자연환경과 문화예술을 만날 수 있기 때문이다.

유럽의 전통 명문가의 경우 유럽의 고대 유적지로 떠나는 여행을 중시했다. 여행은 교육의 마지막 필수 관문이었으며, 자녀를 육체적, 정신적으로 성숙하게 하는 마지막 무기로 활용되었다. 특히 유럽인들은 '세계의 수도'였던 이탈리아 로마를 여행하는 것을 살아가면서 꼭 해보고 싶은 인생의 여정으로 꼽았다. 그래서 유명한 소설가나 예술가들은 늘 이탈리아 여행을 꿈꿨다.

괴테 가의 경우 아버지가 이탈리아 여행을 다녀왔고, 괴테 자신도 두 번이나 이탈리아를 여행했다. 괴테의 부친은 괴테가 이십대에 혼란을 겪고 있을 때 이탈리아 여행을 권유했다. 그래서 서른일곱 살 때 이탈리아 여행길에 올랐고, 이어 2년 뒤에 다시 로마를 여행했다. 이탈리아 여행 기간만 2년 가까이 되는 셈이다. 괴테는 그의 아들 아우구스트에게도 자신이 갔던 이탈리아 여정 그대로 여행을 보냈다. 괴테 가는 이렇게 3대에 걸쳐 이탈리아 여행을 떠난 셈이다.

　세계적인 고전으로 통하는 괴테의『이탈리아 기행』은 우리나라에서도 널리 알려져 있다. 이 책은 단순한 여행기가 아니다. 여행을 통해 내면의 성장을 기하고, 부단히 탐구하는 한 인간의 모습이 고스란히 담겨 있는 그의 자서전이다. 그는 "내가 로마 땅을 밟은 날은 나의 제2의 탄생일이자 내 삶이 진정으로 다시 시작된 날이라고 생각한다"고 로마 여행에 각별한 의미를 부여하기도 했다.

　타고르의 아버지가 아들의 성인식을 치른 후에 다녀온 히말라야 여행은 이런 점에서 큰 의미를 갖는다. 인도의 성인식인 '우파나야나'는 두 번째 탄생을 의미하는 말로 보통 열 살 전후에 치르는데, 인도에서는 아직도 성인식을 치러야 비로소 사회의 일원으로 인정받는다. 타고르의 아버지는 아이의 성인식을 마친 후에 히말라야로 아이와 함께 여행을 떠났다. 여행 도중 아이에게 대자연과 우주의 신비뿐 아니라 인간과 종교 등 다양한 분야에 걸쳐 이야기를 들려주었던 것이다.

　우리나라에도 자녀가 열다섯 살이 되면 성인례를 올리는 전통이 있었다. 지금은 성인례는 거의 사라지고 성년의 날을 정해 스무 살이 되면 이를 기념하는 정도다. 그렇지만 성년식을 치르지 않더라도, 자녀와 함께 떠나는 여행은 가족 간에 대화를 나누고 자녀를 한층 성숙시킬 수 있는 소중한 기회가 될 것이다. 해외가 아니라 지리산을 종주하는 것도 좋겠다. 산행을 하면서 자연과 우주, 인생을 이야기하고 대자연의 숨결을 느낄 수 있다면 그게 바로 진정한 여행이 아닐까.

타고르는 아버지로부터 히말라야 모험여행을 가지 않겠느냐는 말을 듣고 흥분되어 3일 동안이나 잠도 제대로 이루지 못했다고 한다. 요즘 아이들도 마찬가지일 것이다. 따라서 아이와 한 번쯤 미지의 세계로 여행을 떠나 자연 속에서 혹은 낯선 도시나 시골에서 밤을 지새우는 기회를 가져보는 것은 참으로 의미 있는 일이라고 하겠다.

타고르의 아버지처럼 히말라야 산장에서 영어를 가르칠 정도는 아니더라도 여행중에는 아이와 많은 대화를 나누는 것이 좋다. 또 타고르의 아버지가 그랬듯이 여행을 떠나기 전에 반드시 우주의 신비나 종교에 대한 이야기, 자녀들에게 유익하고 재미있게 들려줄 수 있는 이야기 보따리를 미리 준비해서 떠나기 바란다.

자녀교육 전문가들도 타고르의 아버지가 실천했던 자녀와의 여행을 훌륭한 자녀교육법이라고 말한다. 타고르의 신비주의적 감수성은 미지의 세계로의 여행과, 여행지에서 아버지가 들려준 우주와 자연의 신비를 통해 형성된 것이다.

타고르는 아버지가 그랬듯이 자녀들과 자주 여행길에 올랐다. 자녀들과의 여행은 그들이 성장해 결혼을 한 후에도 계속되었는데, 타고르는 혼자서도 자주 여행을 했다고 한다. 여행을 통해 그의 상상력은 더욱 풍부해졌고, 서정적인 아름다움이 깃든 글들을 쓰기 시작했다. 타고르에게 동양인 최초로 노벨문학상의 영예를 안겨준 『키탄잘리』는 인생의 온갖 비탄과 고뇌, 사별과 좌절, 투쟁 등을 승화시킨 시집이다.

사람의 시야는 하루아침에 넓어지지 않는다. 타고르 아버지가 여행 경비를 아이에게 맡겼던 것도 세상 물정뿐만 아니라 돈의 씀씀이를 스스로 체험하도록 하기 위해서였다. 그렇지만 이러한 시도를 하는 아버지는 그리 많지 않다.

이 모든 것은 결국 부모에게 달려 있다. 여행을 떠나기에 앞서 준비와 계획, 여행의 목표를 어떻게 정하느냐에 따라 아이의 모습이 달라진다는 말이다. 자녀와의 관계가 잠시 삐걱거린다면 배낭을 꾸려 여행을 떠나보자. 여행을 통해 자녀와의 궁합을 좋은 상태로 회복할 수 있을 것이다.

9 러시아의 600년 명문가_ 톨스토이 가
어릴 때 부모를 잃고도 대문호가 된 저력

톨스토이 가의 자녀교육 10훈
일기 쓰기 등 좋은 습관을 자녀와 함께 실천하고 싶은 부모들에게

1_ 매일 일기를 쓰며 반성하고 다짐하고 계획한다.
2_ 철저하게 계획표를 짜고 실천하도록 노력한다.
3_ 온 가족이 평생 일기 쓰는 습관을 갖는다.
4_ 어릴 때부터 책을 큰 소리로 읽는다.
5_ 음악과 미술에 대한 재능은 의도적으로 계발해야 한다.
6_ 재능이 보이면 가정교사를 활용해 재능을 계발해 준다.
7_ 외국어 공부는 현지인 가정교사에게 배운다.
8_ 아이가 어릴 때는 자주 같이 놀며 동화를 들려준다.
9_ 선조들에 대해 이야기하며 가문의 자긍심을 심어준다.
10_ 어려운 이웃들을 돕는 데 앞장선다.

창작의 산실이 된
가문의 전설과 60년간의 일기

톨스토이를 만든 위대한 습관은 일기였다

　사소한 것이라도 습관 하나가 위대한 작가를 만들고 철학자를 만들고 부자를 만든다. 톨스토이와 빌 게이츠 등 세계적으로 성공한 사람들에게 공통적으로 발견되는 것 중에 하나가 바로 '좋은 습관'이다. 좋은 습관을 가지고 있느냐 그렇지 못하느냐의 차이 하나가 성공과 실패를 가른다. 뿐만 아니라 자녀교육에도 영향을 미친다. 생활 습관에서 공부 습관, 건강관리 습관 등 좋은 습관은 자신뿐만 아니라 자녀들의 성공을 이끄는 원동력이 되기 때문이다. 부모가 좋은 습관을 가지고 있으면 자녀들은 자연스럽게 부모의 습관을 모방한다. 그것은 100만 달러를 물려주는 것보다 더 위대한 유산인 셈이다. 한 집안의 가보家寶는 부모의 좋은 습관에서 시작한다고 해도 과언이 아니다.

미국의 정치가이자 성공한 사람들의 대명사인 벤저민 프랭클린은 자기 관리와 시간 관리에 철저했다. 그 까닭에 그의 이름을 딴 '프랭클린 다이어리'가 등장했고, 지금은 전세계적으로 시간 관리 수첩의 상징이 될 정도로 유명해졌다. 시간을 잘 관리한다는 것은 그만큼 시간을 잘 활용한다는 것을 의미한다.

그렇다면 세계적 대문호인 톨스토이에게는 어떤 습관이 있었을까? 그에게는 열아홉 살부터 시작해 평생 실천한 습관이 하나 있었는데, 그것은 다름 아닌 '일기 쓰기'였다. 평범한 일기 쓰기가 어쩌면 톨스토이를 세계적인 대문호로 만든 출발점이었다고도 할 수 있겠다. 그리고 그의 일기 쓰기를 본받아 가족 모두가 일기를 썼다. 톨스토이 자신에게는 일기가 작품의 원천이 되었고, 아내와 자녀들에게는 하루의 중요한 일과가 되었다. 일기를 통해 가족들은 서로에 대한 존경심과 이해를 넓혀간 것이다.

레프 니콜라예비치 톨스토이(1828~1910)의 생가가 있는 야스나야 폴랴나는 모스크바에서 남쪽으로 160킬로미터쯤 떨어져 있으며, 150만 평에 이르는 거대한 숲과 대농장으로 이루어져 있다. 저택도 귀족 가문답게 웅장하다. 그 저택에서 톨스토이는 『전쟁과 평화』, 『부활』 등 수많은 걸작을 남겼다. 그리고 걸작보다 값진 보물을 남겼는데, 그것은 60여 년 동안 쓴 그의 일기다. 톨스토이의 일기 쓰는 습관은 그의 문학적 결실을 만들어낸 엔진과도 같았다.

톨스토이의 일기를 들여다보면 그가 얼마나 치열하게 자신의 내면과 사투를 벌였는지를 알 수 있다. 그의 일기는 대문호로서 인격을 완성하게 한 참회록이자 고백록이나 다름없다. 명문가의 후예로 태어나 어릴 때 부모님을 잃고 어려운 성장 과정을 거쳐 대문호의 자리에 오른 톨스토이의 영혼의 울림이 담겨 있기 때문이다. 그것은 치열한 자기 반성의 기록이었다.

톨스토이는 대학을 중퇴하고 고향으로 돌아간 열아홉 살 때부터 일기를 쓰면서 자신에게 부족한 것이 무엇인지 끊임없이 반성하고 계획을 세우며 실천했다. 그는 스스로 생각하기에도 무리하게 공부 계획표를 짤 정도로 '공부 욕심'이 많았다. 톨스토이는 공부 목표를 정해 일기에 쓰고 이튿날이 되자 무리하게 계획을 짰다는 것을 깨닫고는 다음과 같이 쓰기도 했다.

"나는 자신에게 너무나 많은 규정을 부과했다.
모든 것을 한꺼번에 수행할 작정이었다. 그러나 나는 힘이 모자라다."

그는 일기를 쓰면서 차츰 자신을 단련해 나갔다. 목표를 이루지 못해 자신의 노력이 미흡할 때는 희망을 잃지 않으려고 애썼다. 어떤 날에는 목표를 달성한 자신에게 "크게 진보되었다. 그 정신적인 개선의 진전 속도에 크나큰 기쁨을 맛본다. 절대로 중도에 포기하지 않겠다"고 다짐하기도 했다. 목표한 것을 이루면 자기 자신을 칭찬해 주었던 것이다. 자신을 칭찬하고 감사하게 생각하는 것은 마음을 다스리는 데 큰 효과가 있다.

톨스토이는 일생을 살면서 여러 차례 삶의 방향을 바꾼다. 그는 점차 나이가 들수록 귀족이란 신분에 부담을 느끼면서, 농민학교를 세우고 농민들에게 베푸는 삶을 살아야겠다는 이상주의자로 변모해 갔다. 톨스토이의 이런 심정 변화는 하루아침에 일어난 것이 아니다. 그의 일기를 통해 그 사실을 엿볼 수 있다.

그는 먼저 하루에 한 가지씩 착한 일을 하자는 맹세를 일기에 적고 있다.

> "나는 평생을 이웃 사람들에게 바칠 각오를 했다.
> 말하는 것은 이것이 마지막이다.
> 앞으로 사흘 안에 남을 위한 일을 한 가지도 못 하면
> 나는 자살하고 말 것이다."

이러한 일기를 쓴 한 달 뒤에는 "만일에 내일 (이웃을 위해) 아무 일도 하지 못 하면 자살하고 말 것이다"라고 적었다. '말하는 것은 이것이 마지막'이라는 표현과 '자살하겠다'는 결의에 찬 표현에서 그가 얼마나 자신에게 엄격했는지를 알 수 있다.

또한 톨스토이는 말년에 아내와 갈등을 겪고 가출하면서 평생 써온 일기는 별도로 두고 자신만을 위한 비밀일기를 쓰기 시작했다. 이 비밀일기는 그가 사망하기 직전 3개월 동안의 진솔한 기록으로 남에게 보이고 싶지 않은 아내와의 갈등과 정신적 고통을 유서를 쓰듯 몰래 적어놓은 것이다.

톨스토이는 젊은 시절 어려운 여건으로 인해 방황을 거듭했지만 결국 성자로 불릴 만큼 위대한 영혼의 소유자가 되었다. 그의 인간적 완성은 일기에서 시작되었다고 해도 과언이 아니다. 톨스토이는 어느 날 쓴 일기에서 자신의 우유부단, 자기 기만, 성급함, 거짓, 수치심, 신경질, 혼란, 모방심, 변덕스러운 마음, 경솔함 등에 대해 자기 반성을 하기도 했다. 그는 보통사람과 마찬가지로 온갖 번민과 인간적 고통을 껴안고 싸웠던 것 같다. 그 엄격함이 결국에는 톨스토이를 소설가로서뿐만 아니라 위대한 사상가로 만든 것은 아닐까?

가족들에게 일기 쓰는 습관을 전염시키다

톨스토이의 일기 쓰기 습관에서 너욱 중요한 것은 일기의 '진엄성'이다. 톨스토이는 비단 자신뿐만 아니라 부인과 아들, 딸 등 주위에 있는 모든 사람에게 일기 쓰기를 전염시켰다. 톨스토이가 굳이 가족들에게 일기를 강요하지 않았는데도 온 가족이 일기 쓰기의 마니아가 되었다. 여기서 부모의 솔선수범만큼 더 큰 스승은 없다는 교훈을 새삼 깨닫게 된다. 톨스토이의 일기 쓰기 습관이 가족 모두의 습관이 되었으니 말이다.

어쩌면 일기가 톨스토이 가족들 간에 좋은 궁합을 유지하는 매개체가 되었는지도 모른다. 가족들은 일기를 쓰면서 서로 잘 이해하려고 노력했을 것이다. 아내는 남편과, 자녀들은 아버지와 궁합을 맞춰 좋은 관계를 유지하고, 또 아버지는 자녀들을 올바르게 교육시키기 위해 애썼을 것이다.

톨스토이는 열세 명의 자녀를 두었고, 그중 9남매가 생존했다. 아들과 딸들은 일기 쓰는 아버지를 본받아 경쟁적으로 일기를 썼다. 더욱이 그들의 일기에는 하나같이 톨스토이가 주인공으로 등장했다. 자기 자신보다 톨스토이를 중심으로 일기를 쓴 것이다. 톨스토이가 갑자기 어떤 생각을 떠올렸다든지, 그가 기분이 좋다거나 나쁘다든지, 사소한 일 하나까지 빠짐없이 일기에 기록했다. 마치 그것이 자신들의 의무인 양 톨스토이에 대해 썼다. 이는 톨스토이를 존경하는 마음이 없으면 불가능한 일이었으리라. 차남 일리야는 어느 날 일기에 이렇게 쓰고 있다.

> "아빠는 우리에게 벌 준 일이 거의 없다. 하지만 내 눈만 보고도 아빠는 내가 무엇을 생각하고 있는지 알았고, 나는 그것이 무서웠다. 나는 엄마에게는 거짓말을 했지만 아빠에게는 그럴 수가 없었다. 왜냐하면 아빠는 금세 알아차리기 때문이다.
> 그래서 우리는 아무도 아빠에게 거짓말을 하지 않았다."

톨스토이의 아내 소피아의 일기도 남편에 대한 글로 가득하다. 소피아는 열여덟 살에 서른네 살의 톨스토이와 결혼해 열세 명의 자녀를 낳았고, 특히 톨스토이의 원고를 교열하고 정서하는 데 평생을 바쳤다. 그야말로 남편을 위해 헌신적인 삶을 살았다고 해도 지나치지 않다. 소피아는 톨스토이가 자기에게 해주는 달콤한 말을 적는 등 그의 일거수일투족을 일기에 옮겼다. 자녀들과 함께 체조를 한 이야기며, 심지어 톨스토이가 배앓이를 한 것까지 일일이 적어두었다. 그녀의 일기에는 톨스토이가 나이 들어 시작한 네덜란드어와 이탈리아어 공부에 관한 기록뿐만 아니라 꿀벌 사육과 테니스 등 남편이 좋아했던 일들이 빼곡하게 적혀 있었다. 무려 40년간의 일기였다.

아홉 명의 자녀들은 톨스토이 사후에 자신들이 쓴 일기를 토대로 아버지에 대한 회고록을 마치 경쟁하듯 출간해 그것이 총 10여 권에 이른다. 장남 세르게이가 쓴 회상록 『아들이 회상하는 톨스토이』는 생전에 출간하지 못하고 그의 사후 14년 만인 1961년에 출판되었다. 그는 러시아 혁명 이후에 다른 자녀들이 미국이나 유럽 등지로 망명길에 올랐지만 끝까지 러시아를 떠나지 않고 아버지 작품의 출판과 연구에 몰두했다. 세르게이는 아버지의 음악적 재능을 이어받아서인지 작곡가로 모스크바 음악원에서 민속음악을 강의하기도 했다.

회상록에는 톨스토이의 인간적인 면모를 비롯해 글을 쓸 때의 습관, 자녀들에게 동화를 들려주는 자상한 아버지의 모습 등이 생생하게 담겨 있다. 톨스토이 가족들은 일기와 회상록뿐만 아니라 아버지가 쓴 것이면 아무리 사소한 것 하나라도 버리지 않았다. 이러한 유품들은 현재 모스크바의 국립톨스토이박물관이나 고향의 톨스토이 생가박물관에 보관되어 있다. 국립톨스토이박물관은 외국인 관광객들 중에서 한국인 관광객이 가장 많이 찾는 단골 명소다.

톨스토이에게 큰 영향을 미친 600년 명문가의 전통

톨스토이의 생가에 들르면 600년 명문가의 체취를 그대로 느낄 수 있다. 흔히 작가의 사생활을 비교할 때 톨스토이와 도스토예프스키를 예로 들곤 한다. 그 이유는 톨스토이가 부유한 귀족 출신인 데 반해 도스토예프스키는 가난한 작가였기 때문이다. 그래서 이들의 작품세계도 출신 배경을 그대로 반영하고 있다고 평가받는다. 이들의 작품과 함께 생전에 살았던 집을 보더라도 그 차이를 확연히 느낄 수 있다.

톨스토이 집안의 족보에 따르면, 인도리스라는 이름의 독일 기사가 1353년에 3,000여 명을 거느리고 러시아로 왔는데 바로 그가 톨스토이 가문의 시조이다. 인도리스의 증손에게 당시 바실리 2세가 '뚱뚱하다'는 뜻으로 '톨스토이'라는 별명을 붙여주었으며, 그것이 성씨로 쓰이기 시작했다.

약 300년 전인 1717년에는 표트르 안드레비치 톨스토이가 큰 공을 세워 귀족(백작)의 대열에 올라섰다. 표트르는 톨스토이의 고조부로 군사령관과 외교관을 역임했으며 『이탈리아 여행기』를 쓰기도 했다. 그리고 그의 아들인 안드레이 페트로비치－안드레이 이바노비치－일리야 안드레예비치－니콜라이 일리치로－레프 톨스토이로 이어지면서 세계적인 대문호를 낳게 된 것이다. 톨스토이의 조부는 해군준장을, 톨스토이의 부친은 중령을 지냈다. 레프 톨스토이는 인도리스의 20대손, 초대 백작인 안드레비치의 6대손에 해당한다.

톨스토이의 외가는 톨스토이 가문보다 더 명문가로 꼽히는데, 외조부가 러시아 건국 시조의 후손으로 육군대장 출신인 볼콘스키 공작이다. 톨스토이의 아버지는 볼콘스키의 외동딸 마리아와 결혼했으며, 볼콘스키 공작이 숨지자 야스나야 폴랴나의 저택과 영지를 상속받았다. 톨스토이 가문은 막대한 재산을 물려받은 마리아와 결혼함으로써 재력가가 된 것이다. 동서고금을 막론하고 처가의 재력은 명가로 도약하는 발판이 되는데, 톨스토이 가도 예외는 아닌 듯싶다.

자녀 가운데서도 특히 아들은 아버지를 닮는다고 한다. 어린 시절 톨스토이에게 아버지는 가장 중요한 존재였다. 그는 아버지의 정중하면서도 부드러운 매너, 균형 잡힌 체격, 재미있는 농담과 이야기를 좋아했다. 톨스토이는 아버지가 푸슈킨의 『나폴레옹』 등을 읽어주거나 식사 때 낱말 맞추기를 하는 것을 즐거워했다.

청소년기의 톨스토이에게 영향을 준 것은 가문의 내력이었다. 그는 자신의 가문이 500년을 거슬러 올라가는 명문가임을 자랑스러워 했고, 선조들로부터 얼마나 큰 은혜를 입었는지 깨닫게 되었다.

톨스토이 가문과 볼콘스키 가문은 수백 년 전부터 전쟁이 일어나면 참전해 무공을 세웠으며 때로는 전사하기도 했다. 젊은 시절 톨스토이는 준장으로 퇴역한 할아버지를 닮고 싶어했다. 그래서 군대에 지원한 적도 있다.

톨스토이의 집 안에는 선조들의 사진이 곳곳에 걸려 있었다. 그는 선조들의 작은 초상화를 보는 것을 즐거워했다. 선조들의 초상화에는 역사가 아로새겨져 있는 터라 톨스토이는 때때로 선조들의 과거 속으로 여행을 떠나곤 했다. 특히 전쟁이 일어나면 전장으로 달려갔던 충성스런 선조들의 이야기가 톨스토이에게 창작의 힘을 불어넣고 상상의 나래를 펼칠 수 있게 해주었다. 톨스토이를 세계적인 소설가의 반열에 오르게 한 『전쟁과 평화』에서는 외할아버지인 볼콘스키 공작과 톨스토이의 어머니인 마리아가 실제 이름으로 등장한다. 톨스토이에게 귀족 가문의 전통은 그의 사상과 문학에 좋은 재료가 되었던 것이다.

톨스토이는 마치 다산 정약용이 외가(고산 윤선도 가문)의 정수를 이어받았다고 말한 것처럼 외가로부터 많은 영향을 받았다고 언급하곤 했다. 외할아버지인 볼콘스키 공작은 프랑스 문학과 음악을 좋아했고 연극을 즐겨 보았다. 그는 아침마다 음악을 들으며 산책했고, 하루라도 손에서 책을 놓은 적이 없었다. 톨스토이는 외할아버지의 이런 감수성이 어머니에게 영향을 주었고 자신에게도 이어졌다고 자주 말했다.

톨스토이의 어머니 마리아는 명문가에서 태어나 어릴 때부터 가정교사에게 다양한 분야의 학문을 배웠다. 프랑스어, 독일어, 영어, 이탈리아어 등 5개 국어를 말했고 경제학도 공부했다. 그녀는 감수성이 풍부했고 피아노도 곧잘 연주했다. 마리아는 4남 1녀를 두었는데 톨스토이의 여동생인 마리아를 낳고, 그 후유증으로 세상을 떠났다. 4남인 톨스토이가 겨우 두 살 때의 일이었다.

마리아는 동화나 여러 가지 이야기를 지어내 들려주는 데도 남다른 소질이 있었다. 음악을 좋아해 점심식사 전과 저녁 다과시간 전에는 반드시 피아노를 치면서 집안 분위기를 온화하게 만들었다. 톨스토이가 음악과 노래에 흥미를 갖고 또 잘 이해한 데는 어머니의 영향이 컸다고 한다. 마리아는 시누이에게도 이탈리아어를 가르치고 시어머니에게는 소설을 읽어주기도 했단다.

이러한 어머니의 삶과 정신세계는 그의 다섯 남매에게 고스란히 전해졌다. 피아노를 치고 동화를 들려주고 이탈리아어를 가르치는 등 마리아의 생전 모습이 자녀들에게 깊이 각인되었으며 어머니가 죽은 후에도 아이들의 마음속에 그대로 살아 있었다. 톨스토이는 그의 일기에 이렇게 적고 있다.

> "어머니는 나에게 있어 고상하고 진실한 영적 존재다.
> 내가 유혹의 갈등을 겪을 때면 어머니에게 도와달라고 기도했으며,
> 나의 기도는 항상 도움이 되었다."

톨스토이는 평생 어머니를 가슴속에 그리워하면서 살았다. 그것

은 감수성이 풍부하고 지적인 어머니의 성품과 외가에 대한 존경심에서 비롯되었다. 톨스토이는 외가와 아버지, 큰형에게서 생전의 어머니에 대한 이야기를 듣고 자라면서 스스로 정신적인 어머니상을 만들어 간직했던 것이다.

상상력의 원천이 된 '녹색지팡이'의 전설

마리아는 자녀교육에도 관심이 많았다. 그녀는 인내심과 온화함으로 직접 아이들을 가르쳤는데, 장남 니콜라이에 관한 성적표와 행동기록부를 세세히 작성하기도 했다. 아들이 어리석은 행동이나 습관을 들이지 못하도록 행동기록부를 일일이 적어가며 가르친 것이다.

어느 날 집에 곰이 나타나자, 아버지는 겁이 많은 맏아들에게 곰을 쓰다듬어보라고 권했다. 처음에는 겁에 질려 울던 니콜라이가 조금씩 곰에게 다가가 쓰다듬어주었다. 이때의 행동을 마리아는 행동기록부에 다음과 같이 적어놓았다.

> "니콜라이의 행동은 정말 칭찬할 만했다. 니콜라이가 겁이 많긴 하지만, 그것을 이겨내기만 한다면 점점 용감해져 조국을 위해 일한 아버지의 아들다운 용감한 사람이 될 것이다."

니콜라이는 어머니가 적은 대로 용감한 군인이 되었다. 니콜라이는 동생들에게, 지팡이에다 재미있는 이야기를 적어 그것을 숲속에 묻었다는 이야기를 들려주면서 어린 톨스토이의 상상력을 자극하기도 했다. 이것이 그 유명한 '녹색지팡이'의 전설이다. 톨스토이의 형에게서 들은 녹색지팡이가 묻혀 있다는 곳에 자신을 묻어달라고 할 만큼 그는 평생 녹색지팡이의 전설을 가슴에 담고 창작의 샘으로 삼았다.

어린 시절 막내로 자란 톨스토이는 세 명의 형들과 함께 집 근처의 숲속에서 신나게 놀았다. 한번은 큰형 니콜라이가 동생들에게 물었다.

"얘들아, 이 세상 사람들이 모두 싸우지 않고 행복하게 지내려면 어떻게 하면 되겠니?"

세 사람은 서로 얼굴만 쳐다보며 고개를 갸우뚱거렸다. 그러자 니콜라이는 동생들에게 믿기지 않는 비밀 이야기를 들려주었다.

"사실은 내가 얼마 전에 녹색으로 색칠한 지팡이에다 주문을 적어 숲속에 파묻었거든. 그 지팡이에는 모든 사람들을 행복하게 해줄 수 있는 신비한 힘이 있단다. 한번 찾아보지 않을래?"

형의 이야기를 듣고 동생들은 녹색지팡이를 찾으려고 날이 저물 때까지 숲속을 뛰어다니면서 샅샅이 뒤졌다. 물론 지팡이를 찾을 수는 없었지만 톨스토이는 죽을 때까지 이날의 일을 잊지 않고 살았다고 한다. 톨스토이가 말년에 이웃 사랑을 실천하는 인도주의자가 된 데에는 어린시절 큰형 니콜라이의 영향이 컸다. 톨스토이는 현재 야스나야 폴랴나의 숲속에 묻혀 있는데, 그곳이 바로 녹색지팡이가 묻혀 있다는 곳이다. 어린 시절 큰형이 들려준 그 추억 속의 이야기가 평생 톨스토이 사상의 원형이 되었던 것이다.

톨스토이는 두 살 때 어머니 마리아를 여의고, 아홉 살 때는 아버지마저 잃었다. 게다가 아버지가 죽고 9개월 만에 할머니까지 돌아가시고 말았다. 당시 톨스토이 가족은 아이들의 교육을 위해 모스크바에 살고 있었다. 톨스토이의 다섯 남매는 하루아침에 고아 신세가 된 것이다. 이때 톨스토이 가문과 친한 여성이 톨스토이의 형제들을 보살펴준 덕에 겨우 고아 신세를 면할 수 있었다. 그 여성은 톨스토이 아버지의 고향 친구로 알려져 있는데, 서로 사랑하는 사이였지만 결혼에 이르지는 못했다고 한다. 그녀는 톨스토이 부친이 죽은 후에야 사랑하는 사람의 자녀들을 키우면서 톨스토이 가문과 인연을 맺었던 것이다.

톨스토이는 불우한 어린 시절을 보냈지만 독학으로『전쟁과 평화』와 같은 불후의 걸작을 썼다. 이는 괴테가 부모님의 극진한 보살핌과 가정교육을 통해 대문호가 된 것과는 대조적이다. 괴테는 부친의 헌신적인 교육열로 어린 시절부터 각 분야의 일류 가정교사를 초빙해 교육을 받았지만, 톨스토이는 학교도 제대로 다니지 못했을 뿐만 아니라 가정교사에게 배울 수도 없었다.

그런데도 톨스토이가 세계적인 대문호가 될 수 있었던 원동력은 과연 무엇일까? 톨스토이에게 어려운 환경은 오히려 인생을 단련하는 약으로 작용했다. 어린 시절 좋지 못한 환경에서 자란 이들 중에는 어려움을 극복하고 훌륭한 사람이 된 경우도 있지만, 그렇지 못한 사람들도 있다.

톨스토이가 위대한 작가가 될 수 있었던 또 하나의 요인으로는 명문가의 후예라는 가문에 대한 자긍심도 한몫했던 것으로 보인다. 비록 말년에 톨스토이가 귀족의 특권을 모두 버리고 농민 편에 서려고 노력했지만 600년 명문가라는 자부심은 어린 시절 그를 지탱하는 힘이 되어주었다.

학교에 다니지 못해 혼자 목표를 정해 공부하다

우리는 톨스토이와 같이 훌륭한 사람들은 열등감이나 콤플렉스가 없을 거라고 생각하기 쉽다. 그렇지만 위대한 인물일수록 더 많은 콤플렉스에 시달린 경우를 종종 볼 수 있다. 톨스토이도 그런 인물 가운데 한 사람이다.

요즘은 외모지상주의로 인해 지나친 성형이 사회 문제가 되고 있지만 외모는 성인군자나 평범한 사람이나 모두에게 중요한 것인 모양이다. 톨스토이는 늘 자신이 못생겼다는 생각에 사로잡혀 있었다. 그는 큼직한 코, 불쑥 튀어나온 입술에 귀는 엄청나게 컸다. 자기가 보기에도 흉할 정도라 외모에는 영 자신이 없었다. 그는 외모

콤플렉스 때문에 어린 시절부터 절망에 빠져 지냈다. 또 사회에 제대로 적응하지 못해 괴로워하기도 했다. 그렇지만 공자가 그랬던 것처럼 그런 인간적인 콤플렉스가 톨스토이에게는 오히려 약이 되었다. 그는 남보다 더 열심히 공부했고 반성하면서 인격적인 성숙에 힘썼다.

일찍 부모를 잃어 고아 신세나 다름없던 톨스토이는 학교를 다닐 만한 형편이 아니었다. 그래서 혼자 목표를 정하고 공부할 수밖에 없었다. 청소년 시절부터 그는 하루에 해야 할 목표를 정하고 이를 실천하기 위해 뼈를 깎는 노력을 했다. 그는 대학에 들어가기 전

에는 학교 근처에도 가지 못했는데, 그 때문에 자신을 더욱 가혹하게 채찍질했다. 한번은 다음과 같은 계획을 세우기도 했다.

1_ 하겠다고 마음먹은 것은 반드시 실행할 것.
2_ 실천할 때는 성심성의를 다할 것.
3_ 책에서 얻은 지식은 다시 보지 않아도 될 만큼 완전히 자기 것으로 만들 것.
4_ 내가 가진 지혜는 더욱 키워 나갈 것.
5_ 언제든지 소리를 내어 책을 읽을 것.

이 가운데 눈길을 끄는 것은 '언제든지 소리를 내서 책을 읽는 습관'이다. 우리나라에도 예전에는 아이들이 어려운 한문책을 큰소리로 반복해서 읽었다. 소리를 내어 읽으면 자연스럽게 암기가 될 뿐만 아니라 반복해서 읽을 경우 자연스럽게 그 의미를 이해할 수 있기 때문이다. 특히 발표력을 향상시키는 데는 이보다 더 좋은 방법이 없다고 한다.

요즘에는 발표를 잘하는 인재가 기업이나 사회에서 대접받는다. 최문규 교수(연세대학교)는 필자에게 이런 이야기를 들려준 적이 있다. 영문과에 다니는 한 학생이 경영학과로 옮기겠다고 해서 면접을 봤다. 그런데 이 학생은 질문을 하면 꿀먹은 벙어리처럼 말 한 마디 제대로 하지 못했다. "성적도 좋고 적성도 맞는 것 같은데 경영학과로 옮기려는 이유가 도대체 뭐냐?"고 물어도 도무지 설명을 하지 못하는 것이다. 면접시험 점수가 안 나와 당연히 그 학생은 불합격 처리되었다. 그런데 이 학생의 부모는 막무가내였다. 아버지가 고위 공무원이었는데 교수들에게 전화를 걸어 제발 아들을 경영학과로 옮겨달라며 사정했다는 것이다.

자녀를 제대로 키우겠다면 이런 식은 곤란하다. 올바른 부모라면 먼저 자녀에게 자신의 의사를 확실하게 전달하는 대화법부터 가르쳐야 할 것이다. 위의 경우도 자녀교육을 위해 부모가 애썼지만 결국은 자녀를 망치는 교육을 한 셈이다. 자녀에게 톨스토이처럼 큰 소리로 책을 읽는 습관만 길러줬어도 면접이나 토론, 발표에 강한 아이가 될 수 있을 것이다.

요즘 아이들은 자신들이 너무 불행한 세대라고 말한다. 이 말에는 부모들도 어느 정도 동의한다. 초등학교 때부터 이 학원 저 학원을 전전하고 집에 돌아와서는 과외를 받아야 하니 말이다. 놀 시간이 없는 건 사실이다. 그렇지만 역사상 수많은 위인들을 보면 요즘 아이들보다 훨씬 더 혹독한 어린 시절을 보냈다. 톨스토이의 어린 시절과 청소년 시절만 보더라도 알 수 있다.

물론 톨스토이는 혼자 스스로 공부할 수밖에 없었다. 그렇지만 누가 시키지 않아도 열심히 공부했다. 그 당시 공부한 항목을 요즘 청소년들에게 시킨다면 과연 해낼 수 있을까 싶을 정도로 공부 분량 또한 엄청났다.

톨스토이는 대학에 들어가겠다는 목표를 정하고 공부에 매진했다. 아라비아어와 터키어 등을 배워 어학에는 비교적 능숙했지만 역사와 통계학, 지리 등은 실력이 모자랐다. 결국 첫 시험에서는 낙제를 했고 재시험 끝에 카잔 대학에 입학할 수 있었다. 그렇지만 그는 혼자 공부하는 게 습관이 되어서인지 대학 생활에 적응하지 못하고 끝내 고향으로 돌아갔다. 학교를 그만둔 그는 고향으로 돌아가 2년 동안 혼자 공부해 보겠다는 목표를 세운다. 그러고는 계획대로 안 되거나 게을러지면 자신을 가차없이 비판하고 새롭게 계획을 짜면서 공부에 열중했다. 이 시기에 톨스토이는 300여 권의 학술서적과 500여 권의 문학, 종교, 음악, 회화 등의 책을 공부했다.

1_ 대학 졸업 시험에 필요한 법학을 공부할 것.
2_ 의학 이론과 임상을 익힐 것.
3_ 프랑스어, 러시아어, 독일어, 영국어, 이탈리아어, 라틴어를 습득할 것.
4_ 역사학, 지리학, 통계학을 공부할 것.
5_ 수학을 공부할 것.
6_ 학위 논문을 기초할 것.
7_ 음악과 회화(미술) 부문은 완벽해지도록 노력할 것.
8_ 인생의 규율과 언행록을 작성할 것.
9_ 자연과학에 대해 얼마간의 지식을 쌓을 것.
10_ 공부했던 모든 학문은 글을 쓰는 데 이용할 것.

계획표에도 나와 있는 것처럼 그가 공부하고 싶어하는 분야는 너무도 방대했다. 더욱이 그는 음악과 미술에도 엄청난 노력을 기울였다. 흔히 천재는 음악과 미술에도 뛰어난 재능을 보인다고 했는데, 톨스토이를 보면 그 말이 사실임을 알 수 있다. 톨스토이는 1849년에 독일 출신의 천재음악가 루돌프를 자신의 집으로 초청해 매일같이 음악회를 여는가 하면, 자신도 음악 공부에 심취해 있었다. 이러한 기질은 톨스토이의 손자대에 이르러 재즈 음악가가 나오는 것으로 대물림된다.

톨스토이, 자녀에게도 최고의 스승이 되다

톨스토이는 자녀들에게도 자상한 아버지였다. 톨스토이는 소설을 쓸 때는 작업실에 아이들이 얼씬도 못 하게 했지만 아이들과 놀 때는 동화를 곧잘 들려주었다. 그가 아이들에게 들려준 『일곱 개의 오이』는 톨스토이 자녀들의 일기나 회고록에 빠짐없이 등장한다. 이 동화는 한 사내가 오이를 손으로 부러뜨려 먹는다는 이야기인데, 톨스토이는 오이를 부러뜨리는 장면과 먹는 장면을 흉내 내면서 아주 사실적으로 들려주었다고 한다. 아이들은 톨스토이가 몸으로 흉내를 낼 때마다 너무 재미있다는 듯 그의 이야기를 들었다. 또 아침마다 소설을 쓰기 전에는 반드시 아이들과 함께 체조하는 것을 잊지 않았다. 톨스토이는 자녀들에게 지적인 정신세계뿐만 아니라 건강한 신체도 물려주려고 애썼던 모양이다.

톨스토이는 아이들에게 벌을 준 적이 단 한 번도 없었다. 창의성을 키우기 위해 자율적인 교육을 몸소 실천한 것이다. 아이들은 아버지가 세상에서 가장 머리가 좋고, 가장 옳은 최고의 인물이기 때문에 잘못이란 있을 수 없다고 생각했다. 그만큼 아이들은 아버지 톨스토이를 존경해 마지않았다.

톨스토이는 아홉 명의 아이들이 성장하자 직접 집에서 공부를 가르치기 시작했다. 아이들은 8시에 일어나 차를 마시고 9시부터 공부를 시작해 저녁 9시까지 수업을 받았다. 영국과 독일에서 데려온 가정교사에게 영어와 독일어를 배우고, 피아노 레슨을 받았으며, 어머니에게서는 프랑스어와 러시아어, 역사, 지리를 배웠다. 그리고 아버지에게는 산수를 배웠다. 식사 시간과 2시간의 오후 자유 시간, 각 수업 시간 사이에 있는 15분간의 휴식을 제외하고는 수업을 강행군했다. 그리고 오후 7시에서 9시까지는 숙제를 했다. 한 주에 두 번은 사제와 함께 성경 공부도 해야 했다. 한편 그림에 재능이 있는 딸 타티야나에게는 그림 과외도 시켰다.

자녀들이 가장 긴장한 시간은 톨스토이가 가르친 수학 시간이었다. 요즘에도 아빠가 자녀를 가르칠 때 아이들이 제대로 따라오지 못하면 성질이 급한 아빠는 화를 내고 이내 목소리를 높인다. 톨스토이도 마찬가지였던 모양이다. 톨스토이도 평범한 아빠들처럼 아이들이 조금만 머뭇거려도 화를 내고 언성을 높였다. 그러나 결코 때리지는 않았다. 타니야나가 쓴 회상록 『딸이 본 톨스토이』에는 다음과 같은 글이 나온다. 이 대목에서는 저절로 웃음이 나온다.

"5분의 2 더하기 5분의 3은?"

침묵. 아버지는 소리를 지른다.

"흰 빵 두 개와 흰 빵 세 개는 몇 개냐?"

"흰 빵 다섯 개" 하고 나는 거의 들리지 않는 소리로 대답한다.

"맞았다. 5분의 2 더하기 5분의 3은?"

옳지, 알았다. 그러나 내 입은 꽉 닫힌 채였고, 눈에서는 눈물이 솟았다. 나는 무서워서 5분의 2 더하기 5분의 3은 5분의 5, 즉 1이라고 대답할 수가 없었다. 아버지는 내 태도를 눈치채셨는지 이내 부드러워지셨다.

"좋아, 일어서서 좀 뛰어봐라!"

나는 일어섰다. 그러고는 눈에 눈물을 머금은 채 마지못해 그 자리에서 깡충깡충 뛰었다.

그러자 실제로 내 머리가 순식간에 밝아졌다.

톨스토이의 교육에 대한 열정은 지금까지도 톨스토이 학교로 이어지고 있다. 이 학교는 1859년 톨스토이가 고향에서 가난한 농민 자녀들을 대상으로 '농민학교'를 설립하면서 시작되었다. 학생들의 자율성을 최대한 보장하는 톨스토이 학교는 현재 러시아 전역에 100여 개가 있다.

톨스토이 학교에는 세계 각국에서 대안교육을 연구하는 교사들의 발길이 지금도 끊이질 않는다. 톨스토이는 이처럼 발도르프, 몬테소리, 프레네 등과 더불어 자유로운 창의성 교육을 강조한 대안교육의 선구자로 추앙받고 있다.

톨스토이의 생가는 모스크바에서 버스로 6시간 정도 걸리는 곳에 있다. 2층짜리 하얀 저택이 그의 생가인데, 현재는 전세계인들이 찾는 '교육의 성지'가 되었다.

톨스토이의 후손 중 100여 명에 이르는 작가와 예술가 들이 러시아와 유럽 등지에서 활동하고 있다. 이 가운데 4대손인 블라디미르 톨스토이는 톨스토이 재단의 이사장이자 작가와 언론인으로도 활동하고 있다. 스웨덴을 중심으로 활동하는 재즈 가수 빅토리아 톨스토이 역시 그의 후손으로 국내에도 잘 알려져 있다.

야스나야 폴라냐에는 톨스토이의 가방에 얽힌 재미있는 이야기가 전해 내려온다. 거장들은 자칫 오만해지기 쉽다. 하지만 위인들의 겸손은 세상 사람들에게 더 큰 믿음과 존경심을 불러일으킨다.

때때로 톨스토이는 읽을 거리를 가방에 넣고 시골길을 따라 여행을 다니곤 했다. 하루는 말에서 내려 잠시 쉬고 있는데 엄마 손을 잡고 길을 가던 예닐곱 살의 소녀가 톨스토이의 말 안장에 걸린 가방에서 눈을 떼지 못하더니 엄마에게 가방을 가지게 해달라고 졸랐다. 이것을 보고 톨스토이는 "3일 후에 가방을 줄 테니 이곳으로 오라"고 약속했다. 당시 가방 속에는 여행 도구와 책들이 들어 있었기 때문에 줄 수가 없었다.

톨스토이는 여행에서 돌아오는 길에 가방을 소녀에게 주려고 약속 시간에 그 자리에 들렸다. 하지만 소녀의 엄마만 치마로 눈물을 훔치며 그 자리에 있을 뿐이었다. 딸아이가 전날 밤 갑작스런 병으로 급사했다는 것이다.

톨스토이는 소녀의 무덤을 찾아가 주변에 있던 나뭇가지를 꺾어 소녀의 무덤에 꽂고 그 백합 무늬 가방을 걸어놓은 뒤 집으로 돌아갔다. 그리고 훗날 이 사실을 전해 들은 마을 사람들이 '톨스토이 가방비'를 세운 것이다. 톨스토이의 인간에 대한 예의가 그대로 드러나는 훈훈한 에피소드가 아닐 수 없다.

톨스토이가 걸어간 길은 롱펠로가 시에서 말한 것처럼 "위대한 사람이 걸어간 발자취는 우리에게 숭고함을 일깨워준다"는 말을 새삼 실감케 한다. 그래서 오늘도 그가 평생 살다간 야스나야 폴랴나에는 그의 영혼을 닮으려는 순례자의 행렬이 끊임없이 이어지고 있다.

톨스토이는 72세 때 노벨상 수상자로 결정되었지만 "나는 성인이 아니며 많은 잘못을 저지른 약한 인간이었다"면서 수상을 거부했다고 한다.

명문가에게 배운다 · 9

평생 일기 쓰는 아이로 키워라

영국의 로알드 달(1916~1990)은 『찰리와 초콜릿 공장』, 『마틸다』 등으로 국내에도 잘 알려져 있을 뿐 아니라 전세계 어린이들이 좋아하는 동화작가다. 그가 동화작가로 성공할 수 있었던 재능은 어디에서 온 것일까? 다름 아닌 그의 어머니로부터다. 어머니는 어린 시절 그에게 자주 동화를 들려준 타고난 이야기꾼이었다고 한다. 또 노르웨이에 있는 외갓집으로 자주 여행을 떠나면서 모험정신과 풍부한 상상력을 키워 나갔다.

또한 그가 세계적인 동화작가로 우뚝 설 수 있었던 데는 여덟 살 때부터 쓴 '비밀일기'가 중요한 역할을 했다. 그는 일기를 가족들에게 보여주지 않은 것으로 유명하다. 일기장을 방수가 되는 상자에 넣어 집 정원에 있는 나무 꼭대기 위에 묶어두었을 정도였으니까. 그는 매일 나무 꼭대기에 올라가 일기를 썼다. 마치 동화 속 주인공처럼 일기를 쓴 것이다. 그의 동화는 결국 어린 시절부터 써온 일기가 바탕이 되었다.

로알드 달의 일기 쓰기 습관은 아버지로부터 물려받았다. 달의 아버지는 비록 그가 세 살 때 돌아가셨지만 그는 평생 아버지가 남긴 일기를 간직했다. 아버지의 일기 쓰는 습관을 보고 자란 달도 평생 일기를 썼으며, 그것이 그를 세계적인 동화작가로 키워준 원동력이 되었다.

19세기 철학자 앙리 프레데릭 아미엘(1821~1881)은 철학보다 일기로 더 알려진 인물이다. 제네바 대학의 철학교수였던 아미엘은 평생 독신으로 살았지만 열여덟 살 때부터 예순 살까지 일기를 썼다. 그는 "일기는 인간의 위안이자 치유, 영원과 내면의 대화, 펜을 든 명상"이라고 했다. 일기가 그에게는 아름다운 여성보다 더 소중한 존재였을 것이다.

아미엘이 42년간 쓴 일기는 그가 죽은 후에 발견되어 세상에 알려졌다. 그가 죽은 지 2년 후 1만 7,000페이지에 달하는 일기가 『아미엘의 일기』로 출판된 이후 불후의 걸작이 되었다. 톨스토이는 일찍이 아미엘의 일기를 읽고 "마르쿠스 아우렐리우스나 파스칼 등의 철학자들이 남긴 가치 있는 저술처럼 지상 최고의 일기 문학으로 남을 것이다"라는 극찬을 아끼지 않았다. 톨스토이는 열아홉 살인 1847년부터 생애 마지막 순간까지 무려 63년 동안이나 일기를 썼다. 그리고 어디를 가든지 연필과 메모장을 항상 지니고 다닌 메모광이기도 했다. 그렇게 평생 쓴 일기가 스무 권에 달한다. 그리고 생애 마지막 세 달 동안 아내와의 갈등과 자식들에 대한 걱정 등을 '비밀일기'에 담았다.

톨스토이는 어릴 적에 부모를 모두 잃고 혼자 힘으로 위대한 문학가, 사상가로 우뚝 섰다. 톨스토이가 생존해 있을 당시 러시아에는 '짜르'(황제)와 '톨스토이'라는 두 개의 권력이 있다고 말할 정도였다. 톨스토이는 러시아를 넘어 인류 역사상 가장 위대한 인물 가운데 한 사람으로 꼽힌다. 그렇지만 톨스토이가 대문호가 된 것은 일상의 사소한 기록인 일기에서부터 시작되었다고 해도 과언이 아니다. 그는 평생 일기를 쓰면서 내면과 싸우고 세상과 맞섰다.

톨스토이의 일기는 그에게서 끝나지 않고 가족과 주변 사람들 모두에게 영향을 미쳤다. 그리고 아버지 톨스토이를 본받아 어릴 때부터 일기 쓰기를 생활화한 톨스토이의 자녀들은 일기 쓰는 전통을 대물림했다. 일기 쓰기는 그 자체만으로 자기 수양의 도구일 뿐만 아니라 가족 간의 화목과 발전을 불러오는 매개체이다. 온 가족이 일기를 쓰는 것만으로도 나중에 한 권의 소중한 가족 이야기가 탄생하는 셈이다.

초등학생을 둔 우리나라 대부분의 가정에서는 매일 밤마다 아이와 일기 쓰기로 실랑이를 벌이곤 한다. 밤 10시가 넘어도 일기를 쓰지 않아 티격태격하기 일쑤다. 이런 집안에서는 대부분 엄마 아빠는 일기를 쓰지 않으면서 아이에게만 일기를 쓰라고 강요한다. "엄마 아빠는 쓰지 않으면서 왜 나만 쓰게 하세요"라고 아이가 떼를 쓴다면 부모로서는 할 말이 없을 것이다. 아이에게만 강요하지 말고 온 가족이 식탁에 둘러앉아 일기 쓰기를 생활화해 보자. 본보기 교육보다 더 좋은 교육은 없다.

10 영국의 600년 명문가_ 러셀 가
영국 수상과 세계적인 철학자를 배출한 진보적 가문의 전통

러셀 가의 자녀교육 10훈
진보적이고 자유로운 가풍을 물려주고 싶은 부모들에게

1_ 지나치게 엄격하고 금욕적인 교육은 좋지 않다.
2_ 규칙적인 시간 관리가 평생 이어지도록 한다.
3_ 특정 종교를 강요하지 않는다.
4_ 자유로운 진보주의 정신을 대물림한다.
5_ 자유가 있으면 책임과 의무도 다해야 한다.
6_ 자신을 사로잡는 목표에 열정을 다 바쳐 매진한다.
7_ 진리라고 생각되면 불이익을 두려워하지 않는다.
8_ 혼자 고립되지 말고 세상 속에서 행복을 찾는다.
9_ 가능하면 편지 쓰는 습관을 갖는다.
10_ 일류 부모에게서 일류 아이가 나온다.

'일류 부모'가 '일류 아이'를 만든다

자녀의 성공은 규칙적인 시간 관리에서 시작된다

"고민은 어떤 일을 시작했기 때문에 생기기보다는 일을 할까 말까
망설이는 데서 더 많이 생긴다. 성공하고 못하고는 하늘에
맡겨두는 게 좋다. 모든 일은 망설이기보다는 불완전한 채로
시작하는 것이 한 걸음 앞서는 것이다. 재능 있는 사람이
이따금 무능해지는 것은 성격이 우유부단하기 때문이다."

1970년대와 1980년대에 학창시절을 보낸 사람이라면 누구나 『성문종합영어』의 장문 독해에 실린 책 한 권을 기억할 것이다. 바로 영국의 철학자이자 노벨문학상을 탄 버트런드 러셀(1872~1970)의 인생론인 『행복의 정복』이 그것이다. 1930년에 출간되었지만 현대를 살아가는 우리들에게 행복은 어디서 오는지, 왜 사람들이 까닭

없이 불행을 느끼는지에 대한 궁금증을 명쾌하게 풀어주는 책이다.

이 책에서 러셀은 "삶에 대한 열정과 관심을 바깥 세상으로 돌리기만 한다면 당신은 행복해질 수 있다"고 강조한다. 세상 속으로 나아가 사람들과 부딪히면서 일하고 성취할 때에만 비로소 행복해진다는 말이다. 그는 또 "질투가 불행을 초래하며 모두가 나만 미워한다고 생각하면 그것만으로도 행복이 떠나간다"고 조언한다. 특히 그는 "일하는 사람은 덜 불행하고 끝없는 열정이 행복을 불러온다"고 역설한다. 성공하는 사람은 대부분 자신이 헌신할 수 있는 목표를 세우고 거기에 열정을 쏟는 사람이다. 그렇다면 과연 러셀 자신은 행복을 정복했을까?

러셀은 하루에 무려 100여 통의 편지를 주고받으며 백 살까지 장수한 철학자이자 수학자로 알려져 있다. 그는 수많은 강연 등으로 시간에 쫓기면서도 자신이 받은 편지에 대해 빠짐없이 답장을 해주었다. 그 비결은 규칙적인 시간 관리에 있었다.

그의 하루 일과를 들여다보면, 오전 8시부터 11시 30분까지는 신문을 읽거나 편지를 처리했다. 하루에 평균 100통의 편지를 받았는데 이 시간에 100통에 대한 답장을 썼다고 한다. 11시 30분부터 오후 1시까지는 사람들을 접대하고 인터뷰했다. 그런 다음 오후 2시부터 4시까지는 독서, 오후 4시부터 7시까지는 글을 쓰거나 사람을 만난다. 그리고 오후 8시부터 새벽 1시까지는 책을 읽거나 글을 쓰면서 하루를 마감했다.

그는 아흔 살에도 이 일과표대로 살았다고 한다. 그 나이로는 믿기지 않을 만큼 정열적으로 하루를 보낸 것이다. 오죽하면 그의 어록에는 "일을 하다 죽고 싶다"는 말이 있겠는가. 그만큼 그는 일상 속에서 열정적으로 살았다. 내면으로 침잠하기보다 세상 속에서 사람들과 부대끼면서 행복을 찾으라는 그의 말처럼 스스로도 그렇게 살았던 것이다.

그는 20세기를 대표하는 수많은 지성들과 활발히 교류했다. 타고르와 교분이 있었을 뿐만 아니라 네루, 아인슈타인과 반핵활동에 참여하기도 했다. 아일랜드계 극작가로 노벨문학상을 받은 버나드 쇼를 비롯해 『채털리 부인의 사랑』으로 유명한 D. H. 로렌스, 『황무지』의 시인 T. S. 엘리엇, 철학자인 비트겐슈타인, 아프리카에서 의료 봉사활동으로 노벨평화상을 수상한 슈바이처, 소련의 정치 지도자 흐루시초프 등과도 긴밀한 우정을 나누었다.

더욱이 그는 신분이 높고 낮음을 떠나 모든 사람들과 교류했다. 일반 사람들이 자신에게 편지를 보내면 친절하게 답장을 해주었다. 어떻게 보면 세계에서 가장 많은 팬을 거느린 철학자였다고 할 수 있다. 하루에 100여 통을 썼다 하니 그가 쓴 편지만 해도 그 수를 헤아리기 어렵다.

러셀은 1893년 케임브리지 대학을 졸업한 뒤 전공을 수학에서 철학으로 바꿨다. 또 케임브리지 대학에서 스승인 화이트 헤드와 『수학원리』라는 책을 펴내 세계적인 수학자로 명성을 얻었다. 그 밖에도 그는 철학·수학·과학·윤리학·사회학·교육·역사·정치학·종교에 이르는 다양한 분야의 책을 40권이나 출간했다. 78세에 노벨문학상을 받은 그는 문필가로도 잘 알려져 있다.

러셀은 노년으로 갈수록 급진적으로 변했다. 20세기 지식인 가운데 가장 다양한 분야에서 영향력을 발휘하는 러셀은 활발한 사회 정치운동을 전개했는데, 핵무장 반대운동에 이어 반전운동을 펼치면서 평화주의자로 명성을 얻기도 했다. 러셀은 94세의 나이에도 핵무기 반대 데모에 앞장섰다가 감옥살이를 했다.

러셀이 백 살 가까이 살면서 방대한 저술과 업적을 남길 수 있었던 것은 규칙적인 시간 관리가 있었기에 가능했다. 매일 쓴 편지가 그것을 증명해 준다. 그는 매일 100여 통의 편지를 받고 빠짐없이 답장을 해주었는데, 만약에 이를 하루만 미뤄도 다음날에는 200통, 그 다음날에는 300통을 써야 한다. 그렇게 되면 하루의 시간 계획은 이내 어긋나기 마련이다. 러셀이 매일같이 지켜온 100통의 편지 쓰기에서 알 수 있듯 그는 철저한 시간 관리로 엄격하게 자신을 관리한 것이다.

일류 아버지가 일류 아들을 만든다

윈스턴 처칠은 영국뿐만 아니라 세계적으로도 위대한 정치가로 평가받는다. 처칠은 영국의 전통 명문가이지만 가난한 귀족 가문에서 태어나 부모님이 쌓아놓은 인맥을 활용해, 결국 65세에 총리가 되면서 마침내 성공한 정치 가문의 반열에 올랐다.

그렇지만 처칠은 자녀교육에서는 엉망이었다. 그는 아들 랜돌프가 원하는 것은 무엇이든지 다 들어주면서 응석받이로 키웠다. 그래서인지 랜돌프는 자라서도 아버지의 명성에 기대어 책임감 없고 의지가 박약해 영국 국민들로부터 '런던의 아기 공작새'라는 조롱을 받았다. 아기공작새는 자기도취와 교만으로 자신이 노력을 해서 인생을 살려고 하기보다 부모의 울타리 속에서 그 명성에 기대어 살아가려는 랜돌프를 비꼰 말이었다. 영국 신문들은 이런 처칠의 딱한 처지를 두고 다음과 같은 조크를 했다고 한다. "역사는 일류 아버지가 이류 아들을 만들어낸다는 것을 거의 확실히 증명한다."

그러나 러셀 가는 달랐다. 러셀 가를 보면 처칠 부자와는 반대로 "일류 아버지가 일류 아들을 만든다"는 교훈을 몸소 보여준다. 그 바탕은 대대로 이어져오는 전통, 즉 가풍에 있었다. 대대로 전해 내려오는 원칙은 사람을 자긍심 있는 인간으로 만든다. 그것은 자만심과는 다르다. 처칠의 아들은 인성 교육을 제대로 받지 못한 탓에 상류층 가문의 아이가 가질 수 있는 자만심만을 물려받았다.

러셀의 가계는 그야말로 우리나라의 500년 명문가와 같다. 영국 웨일스의 전통 명문가인 러셀 가문은 헨리 8세 때 외교관을 지낸 존 러셀(1485~1555)이 백작에 임명되면서 귀족 가문의 대열에 올라섰다. 이어 그의 증손자에 이르러 공작에 임명되었다. 백작에서 공작이 되었다는 것은 귀족 가문의 서열이 더 높아졌음을 의미한다.

러셀 가문은 수백 년 동안 관료를 지내면서 영국을 통치하는 데 중요한 역할을 맡게 된다. 스튜어트 왕가에 대해 반란을 일으켰다가 처형된 윌리엄 러셀도 이 가문의 후예인데, 이런 연유로 러셀의 이름은 버틀런드 아더 윌리엄 러셀이다.

러셀 가문은 정치적으로 진보주의적 성향이 강했다. 그 전통이 3대에 걸쳐 진보 정치가, 사상가, 철학가를 낳았다. 그의 할아버지는 영국 총리를 두 번이나 지내면서 선거구제 개편에 앞장선 진보적 정치가였으며, 그의 부친은 유명한 철학자인 존 스튜어트 밀의 제자이자 친구였다. 그리고 그의 아들이 수학자에 노벨문학상을 수상한 버트런드 러셀이다. 한 집안에서 내리 3대째 영국 사회를 대표하는 인재가 나온다는 것은 흔한 일이 아니다.

러셀의 할아버지 존 러셀(자신의 선조 이름을 그대로 사용)은 영국 총리를 두 차례나 지냈다. 특히 선거법 개정을 주도해 당시 불합리한 선거제도를 고치는 데 앞장섰다. 우리나라도 마찬가지이지만 정치인들이 선거구를 재조정하는 것만큼 어려운 일이 없다. 자신의 생존이 걸려 있기 때문에 불합리한 것을 알면서도 고치러 하지 않는다. 그는 1861년에 백작의 작위를 받아 다시 명문가의 전통을 이었다.

러셀은 600년 명문가의 후손으로 태어났지만 두 살, 세 살 때 연이어 어머니와 아버지를 여의고, 할머니집에서 어린 시절을 보냈다. 할아버지가 두 번이나 총리를 역임한 정치가 집안이었지만 어린 시절 부모님이 세상을 떠나 부모의 도움은 거의 받지 못했다. 러셀이 평생 네 번이나 결혼할 정도로 여성에게 집착한 것은 어린 시절 부모를 잃고 고아나 다름없이 보낸 데서 비롯된 '모성 결핍'의 보상 심리 때문으로 분석하는 사람도 있다.

러셀은 할머니의 엄격한 청교도적 가르침을 받으며 자랐다. 할머니는 프랑스어, 독일어, 이탈리아어를 구사했고 셰익스피어 등 문학작품에도 정통해 있었다. 그렇지만 할머니는 손자를 학교에 보내지 않고 가정교사에게서 공부하게 했다. 그래서 러셀은 어린 시절에 대화를 나눌 친구 하나 없이 외롭게 지냈다. 러셀은 독일인과 스위스인 가정교사에게서 독일어와 프랑스어, 이탈리아어, 영어 등을 배워 여러 언어에 능통했는데, 그에게 과학과 수학에 대한 강한 관심을 심어준 것도 가정교사들이었다.

러셀은 청년기가 되자 수학에 빠져들었다. 특히 이 시기에 그를 강하게 만든 것은 독서였다. 더구나 진보주의적 가문의 피가 흘렀던 러셀은 종교에 대해 더욱 의문을 가지게 되었다. 무신론자였던 부친의 영향으로 그 역시 평생 무신론자로 살았고 기독교에 대한 비판도 서슴지 않았다. 하지만 영국처럼 기독교의 영향력이 강한 사회에서 종교를 비판하는 것은 쉽지 않는 일이다.

자녀교육을 위해 직접 만들었던 '비콘힐 학교'

러셀은 1927년 존과 케이트 두 자녀가 학교에 갈 나이가 되자 아내와 함께 자녀를 위해 직접 학교를 세웠다. 자신은 역사를 가르치고 부인은 독일어와 프랑스어 등을 가르쳤는데, 이것이 러셀의 실험학교로 유명한 '비콘힐 학교Beacon Hill School'다.

러셀 부부는 기독교를 앞세우는 영국 학교의 종교 교육이 싫었다. 또 아이들에게 꼭 필요한 자제력을 키우는 훈련을 외면하는 교육을 보고 직접 아이들을 가르치기로 결심했다.

러셀이 학교를 세우게 된 또 다른 이유는 그 자신이 어린 시절 학교에 가지 못하고 혼자서 자란 경험 때문이라고 한다. 그는 금욕주의적인 할머니 밑에서 학교가 아닌 가정교사에게서 교육을 받은 탓에 친구가 없이 외로운 어린 시절을 보냈다. 유년 시절에는 다른 사람과 대화하는 것을 두려워할 정도였다고 한다.

열여덟 살 때 케임브리지 대학에 들어간 후에야 비로소 토론하고 대화하는 것을 익힐 수 있었다니 그 심정을 짐작할 만하다. 그래서 러셀은 또래 친구의 필요성을 절감하고 자신의 아이들에게는 좋은 친구를 만들어주고 싶었다. 그는 아이들만큼은 자신이 겪은 전철을 되풀이하게 하고 싶지 않았던 것이다.

러셀이 비콘힐 학교를 설립한 또 다른 이유는 당시 영국 사회가 안고 있던 교육 문제에서 비롯되었다. 그는 영국 교육이 국가와 권력에 적합한 기계적인 인간만을 양성한다며 강력히 비판했다. 이런 교육 문제를 해결하고, 창조적인 상상력을 가진 인간을 양성하기 위해서는 그에 걸맞는 실험학교가 필요했다.

러셀은 교육의 성공과 실패는 아동기에 결정된다고 강조한다. 그는 학교를 세우려고 마음먹을 당시인 1926년에 이미 자신의 교육철학을 담아 『교육에 대해서』란 책을 출간했다.

그는 준비하지 않고 계획 없이 학교를 만든 것이 아니라 교육에 대한 전문적인 책을 쓸 정도로 준비된 교육가였다. 자녀교육에 대한 열정도 남달랐다. 조기교육론자였던 그는 2~14세까지의 교육이 인생에서 가장 중요하다고 주장했다.

특히 아동의 자유와 책임을 동시에 강조했다. 러셀은 "아동의 자유는 책임과 의무를 다할 때만 주어진다"는 원칙을 철저히 했는데, 자유만 주어지면 생활 습관이 나쁘고 이기적인 아이를 만들 수 있다면서 자유와 아울러 책임을 부여하는 교육을 실시했다. 그는 자유는 주되 일정한 규칙을 따라야 하며 강제적인 훈련을 통해 좋은 습관을 익혀야 한다고 거듭 말한다. 이러한 교육 방침은 오늘날의 자녀교육에도 요구되는 덕목이라고 할 수 있다.

예컨대 아이들이 양치질을 안 하면 이를 반드시 지적해 주고 양치하는 습관을 들이도록 당부했다. 대부분의 실험학교들이 아이들에게 자유를 만끽하게 해준 데 반해 러셀의 학교에서는 책임과 의무를 다할 때에만 비로소 자유를 누릴 수 있었다.

비콘힐 학교를 운영하면서 러셀 부부는 조기 교육을 통해 과학적 사고, 창조적 상상력을 지닌 과학자를 양성하는 데 목적을 두었다. 이는 러셀이 『행복의 정복』에서 오늘날 상당한 학식을 갖춘 사람들 가운데 가장 행복하게 살고 있는 사람으로 '과학자'를 꼽은 데서도 잘 나타난다.

그는 과학자의 삶에서 행복의 모든 조건이 실현된다고 보았다. 과학자는 자신의 능력을 최대한 발휘할 수 있는 일을 가지고 있으며, 자신뿐만 아니라 일반인들의 눈에도 중요하게 보이는 업적을 이루어낸다. 일반인들은 과학자들의 업적을 이해하지 못해도 그들의 업적을 중요하게 여기기 때문이다.

한 가지 재미있는 사실은 러셀이 학교 재정이 어려워지자 학교 운영자금을 마련할 목적으로 책을 썼다는 것이다. 다행히도 그 책은 베스트셀러가 되어 러셀은 큰돈을 벌었다. 또 미국에서 강연을 하면서 대중적인 인기도 얻었다. 그게 바로 전세계적으로 사랑받고 있는 『행복의 정복』이라는 책이다.

러시아의 작가 도스토예프스키도 도박 자금이 모자라자 책의 선수금을 받고 그 돈으로 도박을 했다고 한다. 도스토예프스키의 소설 『도박꾼』은 도박 중독자의 심리를 뛰어나게 묘사한 명작으로 꼽히는데, 이 소설은 바로 도스토예프스키 자신의 이야기이기도 하다. 도스토예프스키는 한동안 도박에 빠져 파산 지경에 이르렀고, 급기야는 앞으로 쓰게 될 작품을 담보로 선금을 받아 도박 자금으로 쓰기도 했다.

이 진보적인 실험학교는 제2차 세계대전 중에 히틀러가 침입하자 육군성이 강제 폐쇄함으로써 1943년에 문을 닫았다. 아마도 전쟁이 영국을 위협하지 않았더라면 러셀의 진보주의적인 실험학교는 지금도 계속 아이들에게 창조적 상상력을 일깨우는 교육을 하고 있을지 모른다.

가족 전체를 하나로 묶는 가풍을 만들어라

가정은 부모가 일찍 죽을 경우 위기에 봉착한다. 만일 아이에게 부모라는 울타리가 없어진다면 아이는 어떻게 살아가야 할까? 톨스토이나 러셀의 경우를 생각하면 가문의 전통과 가풍, 선조로부터 전해지는 자긍심 등이 아이에게 얼마나 중요한 영향을 미치는가를 알 수 있다.

톨스토이나 러셀 모두 어릴 때 양친을 잃었지만 노벨상(톨스토이

는 노벨상 수상을 거부했다) 수상자가 될 정도로 큰 발자취를 남겼다. 여기에는 개인적인 노력뿐만 아니라 가문과 선조들이 그들에게 부여한 가풍과 자긍심이 뒷받침되었다.

가족으로서의 집합적인 성격, 즉 가풍이 있고 자긍심을 심어주는 훌륭한 선조들이 있다면 그 '보이지 않는 정신적 힘'에 의지해 아이는 다시 살아갈 용기와 목적의식을 갖게 된다. 그것은 자신의 아버지와 할아버지를 욕되게 하지 않고 가문에 먹칠하지 않으려는 본능적인 삶의 충동이다.

반면 자신의 명성과는 달리 자녀교육에 오점을 남긴 사람이 있는데 그가 바로 루소다. 위대한 교육사상가인 장 자크 루소는 명성에 걸맞지 않게 엽기적인 아버지였다. 다섯 명의 자녀가 자신의 공부에 방해가 된다면서 고아원에 맡겨 나중에는 아이들의 행방조차 알 수 없게 되었다.

루소는 스위스에서 가난한 시계공의 아들로 태어났다. 그의 어머니는 루소를 낳다가 죽었고, 열 살 때는 아버지마저 집을 나가 숙부에게 맡겨져 심부름을 하면서 소년기를 보냈다.

루소는 자신의 아이들을 고아원으로 보내지 않으면 안 될 형편이었다고 변명하지만 정말이지 비정한 아버지가 아닐 수 없다. 가정형편이 어렵다고 누구나 자녀들을 고아원에 보내지는 않는다. 루소는 자신의 아이들에 대한 죄책감 때문인지 쉰 살 때 지은 『에밀』에서는 아이들의 교육은 어머니의 사랑과 아버지의 균형감으로 해나가야 한다고 강조한다.

루소의 경우처럼 아버지의 이기심은 가족 전체를 불행에 빠뜨릴 수 있다. 그것은 가족을 하나의 시스템으로 보지 않는 데서 비롯되었다고도 볼 수 있다.

『위대한 가족을 만드는 7가지 원칙』이란 책의 필 맥그로는 "식구가 넷이라면 가족은 넷이 아니라 다섯 사람"이라고 말한다. 다섯 번째 가족은 다름 아닌 가족 네 명의 성격을 하나로 만드는 '가풍'이다.

가족은 단순히 개별적인 네 명으로 이루어지지만, 네 사람이 모여 하나의 시스템을 만들어내는 집합적인 성격도 가지고 있다는 말이다. 네 명의 가족을 전체로 묶는 하나의 가족 정신, 즉 가풍이 있다면 그 가족은 어떠한 위기에서도 서로 화합하면서 행복한 가정을 이끌어갈 수 있다.

가족 시스템이 잘 굴러가기 위해서는 훌륭한 가풍을 만들어야 하는데, 그 가풍은 하루아침에 만들어지지 않는다. 아버지, 어머니의 열정과 노력뿐만 아니라 자녀들도 여기에 기꺼이 동참해야 한다. 그리고 그 가풍이 대대로 이어지면 가문의 전통이 되는 것이다.

가족이 하나의 시스템으로 유지되면 가정에 위기가 찾아와도 일시적으로 흔들림과 동요는 있겠지만, 현명하게 위기를 극복할 수 있다. 반면에 가족을 하나로 묶는 시스템이 없다면 저마다 살길을 찾아 뿔뿔이 흩어질 수도 있다. 이것이 바로 가족 해체다. 가족의 해체는 가족을 하나로 묶는 정신이 없을 때 더욱 가속화된다.

이런 점에서 러셀은 부모가 일찍 돌아가셔서 고아나 다름없었지만 할머니의 도움과 가문의 진보적 전통에 힘입어 큰 인물이 될 수 있었던 것은 아닐까.

명문가에게 배운다·10

자신을 사로잡는 목표를 찾아
열정을 다 바쳐라

남성들이 사업이나 직장 업무로 바쁘다보니 가정에서 아버지의 영향력이 과거에 비해 크게 줄어들었다. 하지만 역사를 살펴보면 자신의 분야에서 어느 정도 명성을 쌓은 사람들은 자녀교육에도 힘써, 그 아들이 아버지를 능가하는 사례를 반복해 왔다고 러셀은 강조한다.

자기 분야에서 이름을 떨친 많은 사람들이 아버지의 영향을 받았는데 한니발, 프레드릭 대왕, 모차르트, 존 스튜어트 밀도 그에 속한다. 러셀은 이들에게서 발견되는 공통점이 어릴 때부터 꾸준히 전문 분야의 가르침을 받은 것, 관심의 폭을 한 방향으로 좁혀가는 것, 또 그러한 교육과 더불어 아버지만큼 탁월해지겠다는 야망을 품은 것이라고 지적한다.

특히 러셀은 스스로를 철저하게 사로잡는 단순한 열정과 특정 분야와 관련된 지식들을 어릴 때부터 흡수하는 노력이 필요하다고 거듭 강조했다. 뚜렷한 목표와 목표를 이루려는 열정은 자신이 원하는 것을 위해 어떤 노력을 기울여야 하는지 스스로 찾게 만든다. 또한 열정은 목표를 이루기까지 부딪히는 온갖 어려움을 이겨낼 수 있는 강인한 의지를 불러일으켜주기도 한다.

열정이 있는 목표는 아들의 성향이 아버지와 같고, 아버지의 영향력이 발휘될 경우에 더 쉽게 이루어진다. 그 대표적인 사례로 러셀은 나폴레옹 부자를 꼽았다. 몰락 귀족 출신인 나폴레옹의 아버지는 열 살 때 아들을 프랑스의 브리엔 군사학교에 보냈고, 열다섯 살 때에는 파리 사관학교로 진학시켰다. 나폴레옹은 브리엔 군사학교에 입학한 것을 계기로 재능을 한 방향으로 좁힐 수 있었으며, 그 후로는 전쟁에 대해서만 집중적으로 교육받을 수 있었다. 결국 나폴레옹은 세계를 정복하겠다는 단순한 열정에 사로잡혔고, 세계사에 이름을 남긴 위대한 정복자가 될 수 있었다.

이 역시 아버지가 아들을 군사학교에 보낸 것에서 출발한다. 아버지의 영향이 아니었다면 나폴레옹의 이름은 지금처럼 기억되지 않았을지도 모른다.

러셀이 아버지의 영향을 강조하는 이유는 자신의 삶에도 아버지의 영향이 컸기 때문이다. 물론 그는 두 살, 세 살 때 양친을 모두 잃었다. 그러나 부모가 남긴 가풍과 정신은 그의 전 생애를 지배했고 거친 바다에서 길을 안내하는 등대 역할을 해주었다. 그것이 바로 관습에 얽매이지 않는 진보주의 정신이다. 때로는 급진적인 주장으로 대학교수직에서 쫓겨나기도 했고 투옥되기도 했다. 그러나 그 정신은 언제나 살아 있어 누구도 그를 감금하지 못했다. 600년 명문가라고 하면 보수주의 가풍이 아닐까, 생각하겠지만 러셀 가문은 오히려 그 반대였다.

러셀의 부친이 그에게 가장 큰 영향을 준 것은 무신론이었다. 서구사회가 기독교 역사라고 해도 과언이 아닐 정도로 기독교의 영향력은 절대적이다. 기독교는 가정이나 사회의 규범 역할을 했다. 중세시대까지 수도원이 학교였을 만큼 기독교의 영향이 강한 영국에서 러셀의 부모는 기독교를 믿지 않았다. 러셀의 아버지는 유언에서도 러셀과 그의 형 프랭크의 후견인을 자신의 친구들인 급진적 무신론자로 정해두었다. 그중에는 자유주의 사상가이자 러셀의 대부였던 존 스튜어트 밀도 포함되어 있었다.

기독교에 대한 비판은 러셀의 철학적 기반이 될 정도로 평생 많은 영향을 미쳤다. 그의 이러한 사고를 바탕으로 『나는 왜 기독교인이 아닌가』라는 제목의 책이 출간되기도 했다.

아버지에게서 이어받은 진보주의적 가문의 전통은, 두 번이나 총리를 지낸 할아버지의 명성을 뛰어넘을 정도로 러셀을 큰 인물로 만들었다. 러셀 가는 진보적 가풍의 영향으로 3대에 걸쳐 영국을 대표하는 인물을 배출하면서 금세기를 빛낸 최고의 명문가로 추앙받고 있다.

에필로그

괴테 가에서 얻는 또 하나의 귀중한 교훈

흔히 자녀교육으로 성공한 대표적인 사례로 세계적 대문호인 괴테가 회자된다. 다방면의 체계화된 과외로 세계적인 대문호의 자리에 올랐는가 하면 당대에 귀족 칭호를 받았기 때문이다. 반면 괴테 자신은 자녀교육에 실패했고 손자 대에 이르러 대가 끊기고 말았다. 아쉽게도 위대한 괴테의 후손은 더이상 만날 수 없다.

괴테 가문은 명문가는 아니었지만 할아버지가 여관업을 한 덕에 많은 재산을 모았다. 아버지는 법대를 나와 프랑크푸르트 시의 고문관 자리를 사기도 했다. 일정한 직업이 없었던 아버지는 괴테만큼은 큰 인물, 큰 사람이 되기를 원했다. 부친의 적극적인 교육에 힘입어 유년 시절, 괴테는 당대의 명문가들이 그랬듯이 문학과 예술, 종교, 외국어 등 다방면에 걸쳐 최고의 가정교사에게서 가르침을 받았다.

부친의 극성스런 교육열 덕분에 괴테는 전방위적인 천재 작가로 우뚝 설 수 있었다. 괴테가 대문호가 되기까지는 자녀를 반드시 성공시켜야겠다는 목표의식을 가진 괴테 아버지의 적극적인 자녀교육에 힘입은 바 크다.

　필자가 프랑크푸르트에서 괴테의 생가인 '괴테하우스'를 방문했을 당시, 현지 가이드는 "괴테는 아버지가 아들을 훌륭한 대문호로 키우기로 결심하고, 가정교사를 두어 철저한 프로그램에 따라 교육시켜 성공한 대표적인 사례"라고 소개하기도 했다. 실제로 괴테의 성공적인 교육 사례는 그곳을 찾는 전세계의 모든 관광객들에게 귀감이 되고 있다.

　그러나 때로는 부모의 욕심이 지나쳐 자녀의 앞날에 먹구름을 드리우기도 한다는 사실을 망각해서는 안 된다. 부모의 시각으로 강요하다 보면 아이는 부모의 욕망에 짓눌려 신음할 수도 있다. 그 단적인 사례로 괴테의 자녀교육을 들 수 있다.

　괴테는 정작 아들 교육에는 실패하고 말았다. 괴테는 외아들 아우구스트에게 자신이 부친에게서 전수받은 방식대로 과외를 시켰다. 하지만 아우구스트에게 아버지 괴테의 그늘은 너무나 컸다. 아버지의 수족처럼 비서 역할을 하며 자신의 문학적 재능을 드러내려고 노력했지만, 아버지를 뛰어넘을 만큼의 천재성은 발휘하지 못했다. 결국 그는 아버지의 그늘을 벗어나지 못한 채 알코올 중독으로 이탈리아를 여행하던 중 마흔한 살에 요절하고 말았다.

　괴테 가문은 손자 발터 볼프강으로 이어졌지만 더 이상 괴테의 유업을 잇지 못하고 모든 유산을 그를 후원했던 바이마르의 작센공국에 맡기는 것으로 막을 내려야 했다.

괴테의 경우 부모의 욕심을 자녀에게 지나치게 강요하면 그것이 오히려 부담으로 작용해 사랑하는 자녀의 앞날까지 불행하게 만든다는 교훈을 준다. 요즘 우리나라에서도 종종 이런 사례를 볼 수 있다. 지나치면 모자라는 것만 못하다는 '과유불급過猶不及'이라는 말이 있듯이 지혜로운 부모라면 마땅히 이를 경계해야 할 것이다.

이 책은 세계적인 명문가로 거론되는 여러 가문들의 이야기를 담고 있다. 명문가라고 모두 도덕적으로 완전할 수는 없다. 하지만 이 가문들의 공통점은 하나같이 자녀교육을 위해 열정과 헌신을 다했다는 것이다. 세계적으로 수많은 명문가들이 있지만 이 가문들만큼 자녀교육을 위해 부모나 그 선조들이 땀과 노력을 기울인 가문도 흔치 않다.

서로 다른 명문가들의 이야기를 하다보니 때로는 서로 상충되는 부분도 있었다. 각 가정이 처한 상황과 자녀들의 적성에 맞도록 그 가문의 좋은 점과 교훈적인 이야기를 본받기 바란다. 부디 모든 가정이 자녀들을 큰 인물로 만들어 행복한 가정을 이루기를 기원한다.

정약용, 이황, 류성룡 등 대가들의 자녀교육 이야기 생생히 다뤄

명문가는 훌륭한 자녀교육 시스템에서 나온다

뛰어난 인재를 키워낸 조선시대 명문가의 특별한 교육법 총망라
우리 시대의 아버지들이 실천해야 할 '자녀교육 10계명'도 제시

명문가에는 뭔가 특별한 게 있지 않을까? 명문가를 유지하는 데 필요한 것은 무엇일까?『5백년 명문가의 자녀교육』의 저자 최효찬 씨는 이러한 의문을 안고 다산 정약용 종가, 서애 류성룡 종가, 고산 윤선도 종가 등 우리나라의 유명한 명문가 10곳을 직접 방문하고 취재했다. 저자는 명문가 훌륭한 자녀교육 시스템에서 나왔다고 주장한다. 오랫동안 명문가를 유지할 수 있었던 것은 그만큼 엄격하고도 훌륭한 자녀교육 시스템이 뒷받침되었기 때문이라는 것이다.『5백년 명문가의 자녀교육』은 인성교육과 생활교육을 중시했던 역사 속 위인들의 자녀교육 방식을 통해 현대의 부모들에게 귀감이 될 만한 지침들을 조목조목 일러준다.

조선 역사에서 가장 위대한 사상가로 꼽히는 다산 정약용은 유배지에 있을 당시 자녀들에게는 "반드시 서울 한복판에서 살아야 한다"면서 '한양 입성'이라는 특명을 내렸는데, 다산의 교육열은 요즘 부모들도 혀를 내두를 만큼 매우 철저했다. 다산은 아버지로 인해 벼슬길이 막혀버린 두 아들에게 서울살이의 방도를 일러주며 "천리天理는 돌고 도는 것이니 한번 넘어진 사람이 반드시 다시 일어나지 못하는 것은 아니다. 만약 하루아침의 분노를 이기지 못해 서둘러 먼 시골로 이사가 버린다면 무식하고 천한 백성으로 일생을 끝마치고 말 뿐이다"는 말로 서울에서 살 것을 거듭 당부했다. 다산의 예는 아버지

최효찬 지음 | 값 13,000원

가 자녀교육의 매니저로 직접 나선 경우로 가문관리자로서의 진면목을 보여주는 대목이 아닐 수 없다.

한편 퇴계 이황은 이미 500년 전에 똑똑한 제자들과 자식들을 함께 공부시키며 요즘 강조되는 '인맥 네트워크' 교육을 실천했고, 서애 류성룡 같은 대학자들도 바쁜 일과를 제쳐두고 독서를 게을리 하는 자식들에게는 편지를 보내 독려하는 등 자녀와 후손들의 교육에 세심하게 신경을 썼다. 또 백의정승으로 꼽히는 명재 윤증은 자식교육을 위해 벼슬길마저 포기했을 정도며, "주변 100리 안에 굶어죽는 사람이 없게 하라"는 원칙으로 한국판 '노블레스 오블리제'를 실천했던 경주 최부잣집은 권력을 멀리하면서 존경받는 부자의 길을 가도록 자식들에게 강조했다.

책은 한국을 대표하는 명문가 10곳의 뿌리 깊은 역사와 가학의 전통은 물론 자녀교육의 기틀을 마련했던 위대한 아버지들의 노하우와 저력을 일러줌으로써, 바쁘다는 핑계로 자녀교육에 소홀한 우리 시대의 아버지들에게 교육의 중요성을 다시 한 번 일깨워준다.

전 문화부장관 이어령 박사는 이 책의 추천사에서 "500년이란 짧지 않은 세월 동안 명문가를 유지할 수 있었던 건, 그만큼 엄격하고도 훌륭한 자녀교육 시스템이 있었기 때문이다. 퇴계 이황, 서애 류성룡, 고산 윤선도, 명재 윤증, 다산 정약용 등 이름만 들어도 알 만한 역사상의 위인들이 어떻게 자신의 자녀를 교육시켰는지 들여다보는 것은 역사를 배우는 것과는 또다른 재미와 감동을 준다"고 평했다.

5백년 명문가의 자녀교육 10계명

1 평생 책 읽는 아이로 만들어라 – 서애 류성룡 종가
2 자긍심 있는 아이로 키워라 – 석주 이상룡 종가
3 때로는 손해 볼 줄 아는 아이로 키워라 – 운악 이함 종가
4 스스로 재능을 발견하도록 기회를 제공하라 – 소치 허련 가문
5 '공부에 뜻이 있는 아이끼리' 네트워크를 만들어라 – 퇴계 이황 종가
6 세심하게 점검하여 질책하고 조언하라 – 고산 윤선도 종가
7 아버지가 자녀교육의 '매니저'로 직접 나서라 – 다산 정약용가
8 최상의 교육 기회를 제공하라 – 호은 종가
9 아이들의 '멘토'가 되라 – 명재 윤증 종가
10 원칙을 정하고 끝까지 실천하라 – 경주 최부잣집